湖北省社会科学基金项目
"湖北省学科集群驱动的高新技术企业集群化成长机制研究"（项目编号：2016044）

学科集群驱动的
高新技术企业集群化
成长机制研究

李雯 ◎ 著

中国社会科学出版社

图书在版编目（CIP）数据

学科集群驱动的高新技术企业集群化成长机制研究/
李雯著.—北京：中国社会科学出版社，2018.10
ISBN 978 - 7 - 5203 - 3380 - 1

Ⅰ.①学… Ⅱ.①李… Ⅲ.①高技术产业—企业发展—
研究 Ⅳ.①F276.44

中国版本图书馆 CIP 数据核字（2018）第 243733 号

出 版 人　赵剑英
责任编辑　王　曦
责任校对　王洪强
责任印制　戴　宽

出　　　版　中国社会科学出版社
社　　　址　北京鼓楼西大街甲 158 号
邮　　　编　100720
网　　　址　http：//www.csspw.cn
发 行 部　010 - 84083685
门 市 部　010 - 84029450
经　　　销　新华书店及其他书店

印　　　刷　北京明恒达印务有限公司
装　　　订　廊坊市广阳区广增装订厂
版　　　次　2018 年 10 月第 1 版
印　　　次　2018 年 10 月第 1 次印刷

开　　　本　710×1000　1/16
印　　　张　13.25
插　　　页　2
字　　　数　210 千字
定　　　价　58.00 元

前　言

　　学科集群与创新集群集中的区域一直被认为是技术创业的乐土，高度集中的知识溢出和互动学习机制使企业迅速成长成为可能。现实中，著名的高新技术产业集群区（如硅谷、"128公路"、台湾新竹科学园等），大多也是创新型学科集群区。这些区域集成了企业、大学、科研机构等各类创新主体的人才和成果，具有优良的研发试验条件和产业孵化环境，有条件组织跨学科、跨部门的协同创新。这种多创新主体形成的创新集聚效应为高新技术产业发展提供了强劲的动力。

　　"十二五"以来，湖北高新技术产业取得较快发展，优势和支柱产业竞争力显著提升，诞生了一批国内外领先的创新技术和成果，培育了一批高新技术企业，产业发展环境不断优化，但仍存在优势学科与集群整合力不够、高新技术产业持续创新能力不足等问题。2015年，国家政府工作报告进一步提出高新技术开发区应发挥集聚创新要素的"领头羊"作用。在新使命的驱动下，如何充分发挥学科集群与高新技术产业集群的创新集聚优势，将湖北省的学科资源优势转化为经济价值优势，已成为一个重要议题。

　　本书基于知识溢出型创业理论，将学科集群知识驱动创建的高新技术企业的创建与成长视为知识内部化的机会型创业过程，从知识特性这一源头入手分析这类企业的创建与成长机制，并提出母体大学、技术发明人、产业伙伴、产业集群环境等外部驱动要素与企业内部的创新与组织功能系统相互耦合，进而作用于企业成长的理论构思。依据大学知识的两种不同溢出途径，比较研究了不同创建属性的高新技术企业集群化成长机制的特殊性与差异性。本书依托322份有效调研问卷，采用因子分析、Logistic回归分析、结构方程模型等分析方法对理论模型和相关假设进行了实证检验，主要结论有如下几点。

　　第一，湖北省学科集群知识驱动创建的高新技术企业，其创建模式受到知识特性的影响。提高学科集群知识溢出效率的有效模式是将大学创造的知识的创新属性与知识商业化的具体组织形式相匹配，以提供最优的组织支持。第二，学科集群知识驱动创建的高新技术企业应遵循"创建属性—集群环境驱动—企业功能"的耦合成长机制。学科集群环境与产业集群环境对于企业创建与集群化成长模式的影响机理存在差异。第三，知识溢出驱动高新技术企业集群化成长的进程依赖于大学与学科集群的积极引导。第四，针对学科集群驱动高新技术企业集群成长的支持政策应注重层次性与衔接性。首先，对于学科集群知识驱动创建的企业的成长扶持并不存在普遍意义上的支持政策，针对企业创建模式的差异性提供"有选择的"支持要素可能更加有效。其次，促进学科集群与产业集群协同发展的制度建设应以长效创新机制为导向，促使创新要素向高新技术产业集聚。

本书的理论与实践价值体现在如下三个方面。

第一，深入学科集群知识驱动创建的高新技术企业内部，揭示这类企业在学科集群与产业集群协同作用下的成长逻辑。将其成长过程中所涉及的多个利益主体均作为"企业成长驱动机制"的关键要素，并分析它们之间的资源交换与价值共享机制，有助于理解在学科集群与产业集群共同作用的创新集聚效应下高新技术企业的内生增长模式，即企业集聚创新资源并转化为成长动力的方式和路径。

第二，突破以往将创业机会作为既定的研究思路，提出学科集群知识驱动创建的高新技术企业基于机会特性寻求匹配创新资源的集群化成长机制。现有的大部分研究仍将学科集群的知识创造与产业集群的价值创造看作两种独立机制，强调二者之间的协作与联系。本书基于知识的溢出流向与价值创造逻辑，从一个整合的分析框架来理解学术集群与产业集群的共同创新行为，更具连续性和系统性，有助于剖析学科集群与产业集群的深层次协同发展方式。

第三，本书的研究有助于理解高新技术企业"从机会创造到资源集成，再到价值形成"的集群化成长路径，这一思路对解决目前湖北省知识创造与价值创造脱节的社会现实具有积极意义。研究结果将使湖北省高新技术企业集聚学科集群与产业集群资源并转化为成长动力的机制明晰化，从而为这类企业实现成长优化提供有针对性的方法工具，同时在宏观层面上也为构建高新技术企业发展的内生增长动力提供了可行的思路。

本书共包括七章内容：

第一章是绪论部分，针对研究背景提出问题，说明本书的研究背景、研究目的及研究意义，阐述研究方法及技术路线，并明确研究内容及结构安排。

第二章与第三章为理论研究部分。第二章对知识溢出型创业理论、学科集群与产业集群、企业成长理论、高新技术企业成长等相关理论研究进行了回顾与总结。

第三章在第二章理论分析的基础上，进一步聚焦于学科集群知识驱动创建的高新技术企业的创建与集群化成长相关研究，并确定了本书的理论模型。首先，对此类高新技术企业的创建与成长特征的相关研究进行了总结；其次，详细阐释了这类企业集群化成长的特殊性，并指出了现有研究所存在的一些不足；最后，以知识溢出型创业理论为研究视角，构建了学科集群知识驱动创建的高新技术企业的创建机制，并进一步分析不同创建属性企业的集群化成长机制，强调外部学科集群与产业集群环境驱动系统与企业内部功能系统的耦合效应，也构建了本书的基本分析框架。

第四章是研究设计，将根据前文所提出的理论模型，提出科学、严谨的研究设计与流程，包括提出研究假设、变量的选择与测量、具体的分析方法等，并在此基础上设计调研问卷。

第五章与第六章是实证研究部分，对前文所提出的理论模型与研究假设进行检验。第五章通过 Logistic 回归分析检验学科集群知识驱动创建的高新技术企业的创建。

第六章通过结构方程模型检验企业的集群化成长机制，包括外部学科集群与产业集群环境驱动系统、内部组织功能系统及其耦合效应的检验，并进一步比较不同创建属性的衍生企业成长机制的差异性。

第七章针对研究结论进行了归纳与总结，并基于研究结论提出政策建议，最后指出当前研究的主要局限和未来研究方向。

目　　录

第一章 绪论

随着进入知识经济时代，以大学为基础的科学研究在国家创新过程中起着中心作用。现代大学与产业，尤其是与高科技产业的联系越来越紧密。大学不仅是新知识的发源地，而且日益成为新企业、新产业甚至新经济的发源地，尤其集成了相关学科知识和科研团队的有特色的学科集群，其知识溢出效应不但为推动高科技产业升级提供了强有力的创新动力，更成为建立区域创新体系和提高地区综合竞争力的基本力量。在此背景下，提高学科集群知识溢出效率，推动大学科研成果的经济价值实现，并以此为基础培育具有高成长潜力的高新技术产业，具有积极的现实意义。

湖北是"科教大省"与"科教强省"，科技创新实力位居全国前列，并已形成东湖新技术开发区等 11 个高新技术开发区，高新技术产业一直保持较快的增长势头。全省已形成由光电子信息、新材料、先进制造、新能源与新能源汽车、高新技术服务业、生物医药和节能环保七大板块为主导的高新技术产业体系。其中，光电子信息产业优势显著，光纤光缆生产规模位居全球第一，"武汉—中国光谷"在国内外的影响力不断提升。新材料产业规模位居中部地区第二，新能源产业光伏产能位居全国前三。高新技术产业逐渐成为湖北稳增长、调结构、转变发展方式的最主要驱动力。

但从湖北省的创新实践来看，学科集群知识的创新优势向价值优势转化的路径仍不顺畅，科技与经济"两张皮"现象仍然突出，高新技术开发区内产学研合作尽管形成良好的发展态势，但合作深度不够，尚未形成有效的协同创新机制。这导致一方面许多高新技术企业的核心技术能力不强，创新驱动的企业发展模式仍不显著；另一方面大学学科集群的科技成果转化率长期偏低，产业服务导向较弱，未能有效支撑湖北省经济发展。据统计，目前湖北省大学科研成果的转化率不到 18%，其中真正能实现产业化的不足5%，大量的新知识、新技术闲置①。

正如OECD（2010）的评价，我国区域创新体系还没有得到充分发展，各子系统（如大学和产业）间的联系还比较薄弱，就像一大批"创新型岛屿"，彼此缺乏充分的联系。因此，需要一种有效的转换机制去提高学科集群与产业集群的协同创新能力和效率，推动知识的创新优势真正转化为经济价值优势。

本章首先提出了全书的研究问题并阐述了其理论与实践意义，在此基础上，对本书的关键概念进行界定；其次介绍本书的研究思路、研究逻辑与研究方法；最后概括全书的主要内容和分析框架。

第一节　研究问题的提出

一　研究背景

在经济全球化和区域经济一体化的背景下，国家、地区之间的竞争，在很大程度上是创新能力的竞争。《国家中长期科学和技术发展规划纲要（2006—2020年）》提出"创新驱动、内生增长"的经济发展模式，对湖北省高新技术产业的发展具有重要的引导和促进作用。

高新技术开发区是实现学科集群与产业集群协同发展的重要载体，集成了企业、大学、科研机构等各类创新主体的人才和成果，具有优良的研发试验条件和产业孵化环境，有条件组织跨学科、跨部门的协同创新。这种多创新主体形成的创新集聚效应为高新技术产业发展提供了强劲的动力。企业凭借高新技术开发区内的创新集聚效应，能更便利地获得强技术外溢效应、高效信息传递、规模效应的正外部性等成长优势，从而获得创新能力的不断提升（Baycan & Stough，2013）。同时，政府、行业协会、金融部门与科研机构等相关组织也会产生协同效应，为开发区内高新技术产业的发展提供支持和保障。

现实中，著名的高新技术产业集群区（如硅谷、"128公路"、台湾新竹科学园等），大多也是创新型学科集群区。2015年，国家政府工作报告进一步提出国家高新技术开发区应发挥集聚创新要素的"领头羊"

---

① 《中国大学与科研机构专利竞争力年度报告》，2013年。

作用。在新使命的驱动下，如何发挥学科集群与高新技术产业集群的创新集聚优势，并最终转化为经济价值优势，已成为一个重要议题。

目前，针对学科集群与产业集群协同发展的相关研究大部分按照两种逻辑思路展开：一是技术转移或产学合作的思路，强调知识从大学系统向产业系统的输出，在这种思路下，产业企业作为价值创造的主体，利用大学所创造的知识或技术创办企业，而学科集群仍然主要承担知识创造的职能；二是大学衍生企业的思路，即学科集群直接参与企业创建活动，承担产业职能，完成知识从创造到价值实现的全过程。相关研究对以上两种模式的影响因素进行了深入分析，并提出了促进学科与产业集群协作的可行措施，包括开发区积极的政策引导（D'Este et al.，2012），调动技术发明人参与科研成果转化的积极性（李雯、夏清华，2011），构建产学研合作平台（吴冰、王重鸣等，2009），建立专门的中介服务机构（Acs et al.，2013），完善科技园、孵化器等基础设施（陶晓红等，2010）。

随着研究的深入，学者们发现仅仅提高学科集群与产业集群的密切程度，加强创新知识资源的集聚，并不必然有效促进高新技术企业的成长，还依赖于企业本身的资源基础、整合能力、管理体制等企业内部因素。在高新技术企业的成长实践中，往往涉及不同价值取向的多个利益主体，包括大学、企业、政府、用户等。随着这些主体之间的资源交换，高新技术企业的成长也逐步由企业行为演变为不同价值取向成员的共同努力（Gambardella & McGahan，2010；Wouter et al.，2014），需要产业企业具备整合多渠道创新资源并消化吸收的自我强化功能。

从这个意义上看，学科集群知识优势向产业集群竞争优势转化的过程可以看作以创新性知识驱动的，从非商业化环境下的首创理念转变为竞争性的寻租企业（Vohora et al.，2004）的过程。在这一演进过程中，学科集群的技术创新优势如何转化为经济竞争优势？对于学科集群知识驱动创建的高新技术企业而言，大学、中介服务机构、政府、产业合作伙伴等不同创新主体所提供的创新要素并非单独地、线性地对企业产生影响，而是相互作用形成了一个创新集群网络。那么不同创新主体之间能否形成有效的协同机制？企业如何集聚创新资源？其成长模式是否与一般的科技型企业存在差异？这些问题在现有的研究中仍缺乏一致的结论。这样一来，企业的成长逻辑无法得到完整的描述，高新技术产业的内生发展动力也难以得到清晰的解释。

针对以上问题，需要有新的思路来研究学科集群知识驱动创建的高新技术企业的集群化成长问题。本书基于知识溢出的视角，提出一个综合的分析框架来解释在学科集群知识溢出的基础上，高新技术企业的创建与集群化成长机制，包括创建模式、成长驱动要素、成长动力分析以及成长结果的研究，从而提出学科集群知识驱动创建的高新技术企业的集群化成长策略，也为提高学科集群知识的溢出效率提供新的思路。

二 研究意义

高科技产业是能够导致经济增长的"先导产业"。鉴于高科技企业对发展经济、增强国家竞争力方面的重要意义，改革开放以来，湖北省一直在鼓励高科技企业的产生，努力推动高科技企业的成长。在政策引导与全球化机遇的共同刺激下，近年来，湖北省的高新技术产业一直保持较快的增长势头。

从高新技术产业的发展速度看，目前，湖北省已形成以武汉为龙头，沿长江、汉江，以东湖、襄樊两个国家级高新技术开发区和11个省级高新技术园区为依托的沿江高新技术产业带。2012年，湖北省高新技术产业产值超过2900亿元，占GDP总量的12.4%。2014年，湖北省全面启动高新技术产业链建设，重点组织实施20个重大科技专项，使全省高新技术产业增加值达到4451亿元，占GDP的比重达到14%以上。同时，深入实施"创新主体培育工程"，推动全省高新技术企业数量突破2000家。

同时，湖北省高新技术产业重点突出、特色鲜明。电子信息、光机电一体化、生物技术与新医药、新材料、节能环保和新能源等已成为湖北省高新技术产业的支柱产业集群，对其他产业起到带动和领跑的积极作用。其中，尤以东湖新技术开发区为突出代表，东湖新技术开发区自2001年被批准为国家光电子信息产业基地以来，经过十多年发展，集成了大量的智力资本与创新资源，在全球范围内形成了较强的影响力，在我国以光电子信息为代表的高新技术创新与产业发展中具有重要的战略地位。科技部公布的全国高新技术开发区最新排名中，东湖新技术开发区知识创造与孕育创新能力位列全国第四、中部第一，实现了高新技术产业，尤其是光电子信息产业的快速增长。

湖北省高新技术产业的发展路径表明，创新知识与创新资源的持续集聚是高新技术产业增长的核心推动力，因此学科集群与产业集群的协同发展就成为高新技术产业的重要引擎。

从湖北省高新技术产业的发展现状看，一方面，许多产业面临持续创新能力较弱、产业升级动力不足的困境。2012 年，湖北省高科技产业 R&D 强度（R&D 强度按 R&D 经费占工业总产值的百分比计算）仅为 2.4%，而同期美国、英国、日本的高科技产业 R&D 强度均高于10%①。企业难以承担持续性的科研投入成本，同时企业从外部购入的先进技术，也由于科研人才缺乏而难以完全理解技术的应用方式及原理，很难做到对技术的再开发与升级。另一方面，湖北省高新技术产业与学科集群的协同发展模式亟待深入，优势学科与集群整合力不够，缺乏集成联动的机制。许多产业集群孤立于高校和科研院所学科集群功能外，还没有形成集群特有的创新功能和技术创新网络。湖北省作为科教大省，拥有普通高等院校 122 所，各类科学研究和技术开发机构 1378家，中科院院士 22 人、中国工程院院士 35 人。目前，湖北省已围绕优势和特色战略新兴产业创新链，建立了 19 个国家重点实验室、3 个企业国家重点实验室、21 个国家工程（技术）研究中心等一批国家级科技创新平台。但湖北省在高校与科研院所数量及资源上的先天优势并没有得到充分发挥，学科集群所创造的先进知识与技术有待更进一步地挖掘与应用。

因此，如何有效地促进和实现湖北省学科集群与产业集群协同创新，进而推进高新技术产业化，对湖北省经济的发展具有十分重要的意义，也是知识经济时代产业发展和学科发展的必然趋势。传统的政策支持大部分遵循技术转移或产学研"三螺旋"的思路，鼓励大学与产业深入合作，然而知识产权制度不够完善，大学与产业两种不同环境的文化冲突以及高创新性技术本身的某些关键隐性知识都阻碍了学科集群所创造技术的价值实现过程②。

本书的研究将提供一种新的思路与方法，通过剖析基于学科集群知识溢出，高新技术企业的创建与集群化成长的方式、机理与演变规律，

---

① 数据来自科技部和 OECD，2013。

② 周一杰、王柏轩：《大学衍生企业与母体的互动发展模型探析》，《技术经济》2009 年第 5 期。

提出学科集群知识溢出驱动高新技术企业成长的有效模式。研究结果将为科学领域与经济领域的有效创新联结提出可行对策，具有理论与实践意义。

（一）理论意义

第一，在研究对象上，对学科集群知识驱动创建的高新技术企业进行研究，为学科集群与产业集群协同作用下的高新技术企业成长提供了一种新的情境。"双集群"背景提供了一个理想的环境来观察潜在的高科技企业的诞生。由于技术的原始性、知识密集的环境以及所涉及的众多利益相关者，这类企业通常面临实质性的成长障碍。此外，基于学科集群知识所创建的高新技术企业的最初发展机会来源于新颖的和具有潜在破坏性的技术或隐性知识，通过观察它们的成长模式，有助于深入理解这类企业如何从集群中获取异质性的资源组合（Eisenhardt & Brown，1998）。

第二，在研究视角上，深入学科集群知识驱动创建的高新技术企业内部，揭示这类企业的产业属性与成长逻辑。将其成长过程中所涉及的多个利益主体均纳入一个整合的研究框架中，将它们作为"企业成长驱动机制"的关键要素，分析它们之间的资源交换与价值共享机制，有助于理解在学科集群与产业集群共同作用的创新集聚效应下，高新技术企业的内生增长模式，即企业集聚创新资源并转化为成长动力的方式和路径。

第三，在研究逻辑上，我们突破以往将创业机会作为既定的研究思路，提出基于知识溢出的高新技术企业的特殊成长机制，比较学科集群知识的外部溢出型企业与内部溢出型企业的成长绩效，形成了"机会创造—资源集聚—价值实现（成长机制）"的理论构思。现有的大部分研究仍将学科集群的知识创造与产业集群的价值创造看作两种独立机制，强调二者之间的协作与联系。本书基于知识的溢出流向与价值创造逻辑，从一个整合的分析框架来理解学术集群与产业集群的共同创新行为，更具连续性和系统性，有助于剖析学科集群与产业集群的深层次协同发展方式。

（二）现实意义

第一，湖北省已在科学和技术的投入方面处于国内领先地位，但仍然在另一些创新进程方面相对落后（如新产品开发），从这个意义上看，湖北省的创新体系处于断裂状态。此外，许多高新技术企业仍然面临难以充分利用科技优势的困难，因为企业的知识创新能力弱，而大学等科研机构所产生的知识又与产业知识需求不匹配（Mingfeng Tang & Caroline Hussler，2011）。本书的研究有助于理解高新技术企业"从机会创造到资源集成，再到价值形成"的集群化成长路径，这一思路对于解决目前湖北省知识创造与价值创造脱节的社会现实具有积极意义。

第二，厘清学科集群知识驱动创建的高新技术企业的创建与集群化成长机制，有助于为这类企业实现成长模式优化提供有针对性的方法工具。强调在学科集群与产业集群中，企业通过与不同创新主体的合作，自主地、有效地整合来源于不同支持主体的创新要素，实现各类资源的耦合作用，使之共同致力于企业的成长，为构建高新技术企业发展的内生增长动力提供了可行的思路。

第三，从1999年科技部、教育部等七部委《关于促进科技成果转化的若干规定》，到《国家中长期科学与技术发展规划纲要（2006—2020年）》提出要提高大学为社会服务能力并给予政策扶持以来，大学及相关学科集群在知识扩散和服务地方经济两个职能方面一直都扮演了积极的角色，但大学技术与市场脱节的现象依然很严重，同时大学的商业化进程也遭到质疑。因此，对学科集群知识驱动创建的高新技术企业的成长绩效进行客观、合理的评估，具有重要的现实意义。同时在宏观层面上，本书的研究也为湖北省高新技术产业的发展、高新技术开发区建设乃至国家的创新支持政策制定提供一定的政策思路。从"优化创新资源—科技产业发展—强化区域创新能力"的思路提出具体的对策建议。

三 本书创新之处

本书的创新之处在于：

第一，本书基丁知识溢出的视角，突破了将学科集群与产业集群作为分离系统的研究范式，在一个整合的分析框架下理解学术集群与产业集群的协同创新行为。

本书将学科集群知识驱动创建的高新技术企业看作知识内部化的机会型创业企业，提出高新技术企业始于机会创造的特殊成长模式，形成了以学科集群知识驱动的"机会创造—资源集聚—价值实现（成长机制）"的理论构思。基于知识的溢出流向与价值创造逻辑，整合分析高新技术企业从学术集群与产业集群中集聚创新资源获得成长的动力机制，更具连续性和系统性。

第二，本书采用由内而外的分析方法，深入基于学科集群知识驱动创建的高新技术企业组织内部，明确湖北省高新技术企业发展的内生增长动力。

传统的针对学科集群与产业集群协同发展的研究思路一般遵循技术转移、产学合作或大学衍生企业的逻辑，强调从外部为高新技术企业的成长提供支持。本书深入企业组织内部，重点分析学科集群知识溢出驱动的高新技术企业在成长过程中，自主地整合集群资源、创造价值的能动效应。这种由内而外的分析视角有助于理解在学科集群与产业集群共同作用的创新集聚效应下高新技术企业的内生增长模式，即企业集聚创新资源并转化为成长绩效的方式和路径，进而揭示湖北省高新技术产业集群发展的内生动力。

第三，提出"企业创建属性—集群环境驱动—企业功能强化"的匹配成长机制，为学科集群知识驱动高新技术产业集群发展提供了新思路。

在实践中，学科集群与产业集群的交流互动并不存在某种最优的模式，而应该将学科集群创造知识的创新属性与合适的组织支持模式匹配起来（Matthew S. Wood，2009）。本书的研究深化了这一观点，通过比较不同创建属性的高新技术企业成长机制的相对有效性，分析了学科集群知识价值实现的合理模式。强调通过企业创建属性、外部双集群环境驱动系统、内部组织功能系统之间的匹配来提高大学与产业之间科技创新链条的衔接性与有效性。

第二节　关键概念界定

一　高新技术产业集群

"集群"（cluster）是对事物空间集中的一种描述。马歇尔、韦伯等人把它引入经济领域，迈克·波特在1990年首次从竞争战略的角度研究了产业之间的集群，认为"集群"是特定产业中互有联系的公司或机构聚集在特定地理位置的一种现象。1998年，波特又发表了《集群与新竞争经济学》一文，更为系统地提出了新竞争经济学的产业集群理论，即产业集群指以某个强势企业或某几个强势企业为龙头的一群既独立自主又彼此依赖；既有专业分工、资源互补现象，又维持着一种长期的、非特定和约的企业和相关机构在一定地域范围内的聚集。

通过相关企业的持续互动交流，产业集群能够实现各种生产要素在一定地域向企业大量集聚和有效集中，使资源得到了更合理的配置和利用，推动了生产要素在空间布局上的整体优化。

按照以上定义，高新技术产业集群指从事高新技术及相应产品研究、开发、生产、服务活动的企业的集聚。高新技术企业可以认为是高科技产业的微观基础组织，不但在生产过程中应采用高新技术手段，并且还应具有将高新技术转化为现实生产力的能力，即其产品也处于技术进步快的高新技术领域。

目前，国内外对高新技术产业的划分标准包括增长率、产品技术性能的复杂程度、研究与开发经费占总销售收入的百分比以及劳动力的性质等。

经济合作与发展组织（OECD）按技术密集程度在制造业范围测算划分高科技产业，根据研究开发（R&D）经费占产品销售额的比例划定高科技产业包括 5 类产业：航空航天器制造业、电子及通信设备制造业、电子计算机及办公设备制造业、医药制造业、医疗设备及仪器仪表制造业。国家科委主要借鉴 OECD 的划分方法，在《国家高新技术产业开发区高新技术企业认定的条件和办法》中划定高科技的范围，包括：微电子科学和电子信息技术；空间科学和航空航天技术；光电子科学和光机电一体化技术；生命科学和生物工程技术；材料科学和新材料技术；能源科学和新能源、高效节能技术；生态科学和环境保护技术；地球科学和海洋工程技术；基本物质科学和辐射技术；医药科学和生物医学工程；其他在传统产业基础上应用的新工艺、新技术[①]。

综上所述，高新技术产业集群是指那些研究开发、生产销售高科技产品或运作过程中大规模使用高科技技术的企业与相关机构在一定地域范围内的集聚。高新技术产业集群在为社会提供产品和劳务过程中涉及较高的技术含量，一般具有高创新性、高风险、高投入、高附加值、高

---

① 《国家级高新技术产业开发区高新技术企业认定条件和办法》，〔2000〕324 号。

效益等特点。

二 学科集群

"学科集群"是一个源自"学科"和"学科群",与"产业集群"相呼应的概念,随着"产学研"活动机制的不断深化,产业集群的成长建设要求高校中的学科力量进行相应整合,以适应经济发展需要(秦波,2013)。本质上说,学科集群是对原有高校组织结构、教学体系与科研创新机制的打破与重构,是克服高校教学科研与企业生产"两张皮"现象的重要举措。

2006 年,我国学者王缉慈较早地提出了学科集群和产业集群的概念,他认为学科集群是以高校和科研机构为主的知识集群,产业集群是以科学技术为主的科技集群深入发展的产物。我国"十二五"规划中明确提出,"强化高水平科研院所和研究型大学建设,加快建立科学研究与高等教育有机结合的知识创新体系",要形成一种常态的学科间共享平台。

在产业技术创新战略联盟不断形成和发展的进程中,参与产学研结合的高校和科研院所,已经不再以个别学科的形态出现,也不再以若干学科简单配合的形态出现,突出的是围绕产业技术创新的战略要求以众多相关学科所组成的学科集群的形态出现。这是因为,仅靠个别的学科,或者仅靠若干学科的简单配合,已经难以解决当前产业技术创新中所面临的各种复杂性问题。

随着产品和技术的生命周期日益缩短,新技术的扩散日益增强,产业集群与学科集群的关联互动越来越紧密。由于产业企业很难占有所需的智力资本,所以如果单纯依靠企业自身力量来实现创新的策略变得越来越难以实现。与此同时,各大科研机构、院所虽然智力资源充足,但缺少一个将研究成果转化为实践的新平台。因此,学科集群与产业集群的协同创新作用使二者在相互合作中结成联盟,使人才、资本、信息以及技术等要素在企业与大学和科研机构之间合理配置,从而形成双方的共赢。

根据以上分析,学科集群与产业集群的协同创新,已成为实现创新要素优化配置、提高技术创新能力、驱动区域经济增长的有效路径。通过两个集群协同作用,共同完成企业产品和技术创新全过程或创新的某些环节,实现资源共享和优势互补,可以大大提高创新效率(杨道现,

2012），进而形成持续创新能力和科研能力推动产业集群健康稳步发展的良性循环。

三 学科集群知识驱动创建的高新技术企业

高新技术产业保持持续增长动力的关键在于产业内企业的成长活力，这有赖于持续性的新企业创建活动与强劲的企业成长能力。

按照创业机会的研究视角，新企业的创建来源于一个创新性的机会，新企业的创建过程就是企业家个体、创业环境和创业机会的交互过程。正如毕海德（Amar V. Bhide）指出的，"机会性质的变化改变着企业家面临的问题和必须完成的任务。在面临重大的资本约束和不确定性时，新企业的创始人靠的只能是对无法预期的事件采取机会主义式的适应"①。按照创业机会视角，新企业的创建就是通过创业者的实践活动将创新性的机会转化为市场价值的过程，创建过程的顺利与否受到创业者能力、资源条件与外部环境的制约。

学科集群知识驱动创建的高新技术企业（University Knowledge – Based High – tech New Enterprises）是指以学科集群知识为基础创建的高新技术企业，是高新技术企业的一种特定类型，同时由于其特殊的创建背景，现阶段国内外学者在企业创建模式等方面对这类高新技术企业的理解尚存在较大的差异，缺乏统一的定义。

一方面，大学衍生企业（University Spin – off Companies 或 University Spin – out Companies，USO）成为学科集群知识驱动创建的高新技术企业的重要代表。Smilor 等（1990）认为衍生企业应该满足以下两个条件：第一，组织（大学、母体公司，公共或私人研究所）的新技术；第二，由来自母体组织（大学或母公司）的创业者（研究人员或者雇员）所创建。在此基础上，Rogers、Larsen（1984）和 Roberts（1991）则将大学的学生以及毕业生所创立的企业，都包含在 University Spin – off 概念之内，早期研究对于大学衍生企业的定义范围往往过于宽泛，失去了其特殊性。

近年来，学者们对于大学衍生企业的定义逐渐聚焦，Paul 和 David 将大学衍生企业定义为"大学为从商业上开发自身所产生的新知识、

---

① ［美］阿玛尔·毕海德：《新企业的起源与演进》，魏如山、马志英译，中国人民大学出版社 2004 年版，第 2 页。

技术或研究结果而创建的新企业"①。Stenffensen（2000）指出了大学衍生企业的两个关键特征：（1）企业创办者是大学的雇员；（2）企业赖以生存的关键技术来自大学②。Pérez 和 Sanchez（2003）认为大学衍生企业作为新创企业，其形成是通过将大学知识或技术从母体组织（大学科研机构）向市场转移，创业者（一般为该技术的发明者）利用母体可用的科学技术知识创办新的企业，以实现研究成果和技术思想的商业化。在企业创建过程中，母体大学与技术发明者往往起到关键作用：（1）母体大学的特征对大学衍生企业的形成会产生重要影响；（2）企业创建的关键技术来自母体大学，因此技术或研究成果的持有者通常在企业中扮演重要角色，这些研究人员一般就是衍生企业的创立者。

然而，针对大学衍生企业的研究仅仅提供了一个理解大学知识溢出的相对有限的视角（Lester，2005）。大学衍生企业仅仅包含了那些大学或大学中的科研人员直接参与到商业活动中所创建的企业，这类企业的创建可以看作学科集群知识的直接溢出效应。而事实上，大部分的大学知识溢出是间接的（Breschi & Lissoni，2001），Wennberg 等（2011）指出，基于学科集群知识创建高新技术企业有两种路径：一种是直接路径，由大学中的科技人员（往往是技术发明者）直接在大学的环境下创建企业，也就是一般意义上的大学衍生企业（USO）；另一种是间接路径，指利用学科集群中的某项知识或技术在产业环境中创建的企业（Parhankangas & Arenius，2003），称为公司衍生企业③（Corporate Spin – Offs，CSO），如图 1 – 1 所示。

从年龄和规模来看，目前我国大部分基于学科集群知识创建的衍生企业处于成长初期，这可能是由于国家政策的限制，直到 1999 年国家教育部及科学技术部推出《面向 21 世纪教育振兴行动计划》《关于科

---

① Paul B. , David C. , "University spin – off policies and economic development in less successful regions: learning from two decades of policy practice", *Journal of Technology Transfer*, Vol. 30, No. 2, 2005, p. 52.

② Steffensen M. , Rogers E. M. , "Spin – offs from research centers at a research university", *Journal of Business Venturing*, Vol. 15, No. 1, 2000, p. 104.

③ 本书中的公司衍生企业，不同于一般意义上产业中公司的衍生企业，而是特指基于的新知识或新技术，由产业中的组织或个人创建的企业。企业创建时的核心技术来源于大学，但其创建与成长进程由产业中的个体（或组织）主导。

技成果转化的若干规定》等一系列计划和政策之后，以大学科研成果转化促进高新技术产业发展的创业活动才活跃起来，因此我国学科集群知识驱动创建的衍生企业普遍成立时间不长，规模较小，且大部分属于高新技术产业。

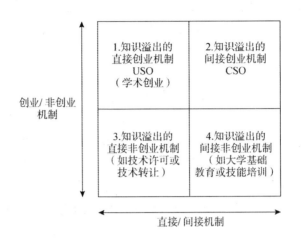

图 1 - 1　基于学科集群知识溢出的创业机制

本书根据研究的目的，将学科集群知识驱动创建的高新技术企业定义为以学科集群所创造的知识或技术为基础创建的高新技术企业，包括两类不同创建属性的企业：一类是学科集群知识的直接溢出，或称为组织内溢出，由大学主导创建的衍生企业，企业的核心技术来源于大学，同时创业者或创业团队的核心成员也直接来源于大学，并从大学持续获得资金、物资、智力资本的支持，即一般意义上的大学衍生企业（USO）；另一类是知识的间接溢出，或称为组织外溢出，即基于学科集群知识溢出在产业环境中创建的衍生企业，这类企业的核心技术来源于大学，却是由产业环境中的组织或个人创建的，企业的创立与成长过程与大学没有直接关联，称为公司衍生企业（CSO）。

四　高新技术企业的集群化成长

企业成长是一种复杂的社会经济现象，受到多种要素的交互影响。企业成长机制作为企业成长相关研究中边界相对清晰的研究分支，已经形成了较明晰的理论分析框架，即从企业的行为特征等方面来剖析企业的成长实质。企业成长机制研究着重于探索以下问题：企业成长通过什么方式实现？企业成长的动力因素包括哪些？这些关键因素通过什么途径转变为成长结果？

企业的成长机制具备动态特征，即随着企业成长环境、企业实践活动的变化而不断演变。目前，实践中主要存在着三种基本的企业成长机制：内部成长机制（organic growth）、外部成长机制（external growth，也有学者称为并购成长机制）和集群化成长机制（cluster growth）。

（一）内部成长机制

企业内部成长机制认为，企业中未被充分开发的资源是企业成长的最根本动力，强调从企业自身资源出发而不是从市场角度来研究企业的成长与持续竞争力。内部成长机制理论认为，通过挖掘和利用企业内部的资源和能力可以为企业创造具有特质性、稀缺的、难以仿制的优势集合，进而决定了企业成长的方式、速度、空间和效果。"企业资源—企业能力—企业成长"是企业内部成长机制理论的主流分析框架。

高新技术企业内部成长机制的研究大部分基于资源基础观的研究视角，即从企业内部资源和能力的角度对企业的产生和成长进行研究，主张视企业成长为一个不断挖掘未利用资源的动态变化过程，有效地协调各种资源和管理职能是企业成长的原动力。资源基础学派的代表人物 Penrose 指出，企业内部的未利用资源是企业成长的动机，具体而言，企业的资源状况很大程度上决定了企业的能力，而企业能力又制约了企业成长的速度和空间。

随着研究的深入，学者将企业成长的驱动因素逐渐从具体的资源转移到更深层次的抽象能力要素，以 Prahalad C. K. 与 Gary Hamel 为代表的企业能力理论认为，企业整合、开发和利用资源的能力才是企业成长动力的深层次来源。企业能力理论强调两种能力的协调与整合是企业持续性竞争优势的根源，也是企业成长的原动力：一种是协调各种生产技能并且把多种技术整合在一起的能力，可以称为技术层面的能力；另一种是人力资本、协调系统、组织承诺等更深层次的整合协调能力。

按照企业内部成长机制，高新技术企业成长的主要方式是挖掘企业内部既有的资源或能力，这样一来，企业的有形或无形资产、组织与协调能力、创新能力等组织内部因素，就成为推动企业成长的主要力量。毋庸置疑，无论在何种条件下，企业内部资源与能力都会对企业成长产生重要的推动作用，但这种内部导向的分析角度很大程度上割裂了企业与环境的动态匹配关系，更忽略了企业对环境的主动适应与改造功能。同时，过于强调内部资源和能力的积累，也很可能使企业受制于"核心竞争力刚性"的成长困境。

（二）外部成长机制

企业内部成长机制的一个重要不足在于，企业内部资源和能力是有限的，因此企业难以通过对现有资源的开发实现跨越式的成长。因此，高新技术企业除了可以通过内部资源的积累和开发获得增长，也可以通过整合外部资源的途径来获得更为迅速的增长绩效，这种企业的外部成长机制通常以并购（包括兼并和收购）的模式实现。

高新技术企业的外部成长机制能够在较短的时间内帮助企业获取外部资源，实现快速成长，但也存在着明显缺陷：（1）通过并购可以获得企业所需的某些关键资源，但也可能会造成资源冗余，而且并购难以满足企业对多种资源的需求，所获得的资源顺利被企业吸收和利用也存在一定困难；（2）并购必然使企业面临原有资源与并购资源的整合问题，导致企业内部的交易成本和管理成本提高；（3）并购还可能会引起企业文化的混乱，朱静等（2003）提出了并购中的心理契约重建的问题，认为并购过程可能会遭遇来自被并购方的强烈抵制，如果不能使并购与被并购方的文化充分协调与磨合，反而会使企业陷入困境。

（三）集群化成长机制

知识经济时代下，企业的竞争与合作模式发生了极大的变化，企业间不再是单纯的竞争或合作的关系，合作中的竞争、竞争中的合作现象均大量涌现，"新竞争"格局逐步形成（Best，1990）。在"新竞争"情境下，单一的内部成长机制或单一的外部成长机制都难以有效驱动企业成长。这是因为内部成长机制忽略了企业与外部环境的关联性，当外部环境变化时，资源或能力的惰性可能会阻塞知识的流动，阻碍企业的成长绩效；而外部成长机制尽管能够迅速获得关键资源，但仍面临着整合与适应的困难，甚至会降低企业的灵活性与效率。

因此，高新技术企业的成长既依赖于组织内部的资源或能力积累，也依赖于组织外部合作伙伴的资源、行为以及合作模式，通过企业间的合作交流获取关键资源已经成为企业重要的成长方式和策略（Peng &

Heath, 1996; 李新春, 2000), 在这一过程中, 地理位置上的临近无疑为资源的交换和共享提供了便利, 尤其有利于技术诀窍等隐性知识的传递。

高新技术企业的集群化成长机制是指"企业与产业集群中的其他组织建立起正式或非正式的合作关系, 借助这些关系实现资源的快速获取与共享, 并通过有效的整合转化为推动企业成长的动力"①。由于企业自身所拥有的资源与能力存在差异, 所处的集群也具有不同的结构特征, 高新技术企业的集群化成长机制呈现出多元化、动态化的特点。

目前, 学者们普遍认可高新技术企业所处的产业集群会对企业成长绩效产生影响, 这种影响效应可以从资源整合、创新体系构建与企业行为规范三方面加以说明。首先, 高新技术企业能够从产业集群中的其他企业获取有价值的成长资源, 通过内外部资源的整合, 不仅可以提高现有资源的利用率, 还会创造出新的资源和能力; 其次, 高新技术企业与产业集群中其他组织的沟通和互动, 有利于构建起良好的合作创新体系。在当前不断出现的技术创新过程中, 极少有企业能够独立地完成生产经营的所有活动 (吴冰等, 2009), 集群内不同组织的联结模式为企业创新提供了合意的条件, 从而开拓新的成长空间。另外, 高新技术产业集群中企业间的关系网络建立在相互信任、共同利益或合作契约的基础上, 有利于减少机会主义行为, 降低运作风险, 为企业成长提供激励。表1-1对三种主要高新技术企业成长机制进行了比较分析。

表1-1　　　三种主要高新技术企业成长机制的比较分析

	内部成长机制	外部成长机制	集群化成长机制
成长模式	通过内部资源的开发、积累实现企业成长	通过并购等方式获取外部资源, 实现企业成长	通过内外部资源的整合实现企业成长
成长理念	竞争	竞争	竞合
成长速度	较慢	很快	较快

---

① 邬爱其、贾生华:《企业成长机制理论研究综述》,《科研管理》2007年第2期。

续表

	内部成长机制	外部成长机制	集群化成长机制
成长动因	企业内部资源	企业外部资源	企业内外部资源
适用环境	可预测、稳定性	复杂性增强、市场机制完善	不确定性、动态性

第三节　研究方法与研究思路

一　研究方法

考虑到学科集群知识驱动创建的高新技术企业成长机制的独特性与复杂性，仅仅使用单一的研究方法很难有效地描述与解释此类企业的创建与成长机制、成长绩效，因此，本书采用了规范研究与实证研究相结合的方法。规范研究的目的在于探索"应该怎么样"，而实证研究的目的在于验证"实际上是什么样"，两种方法的结合既可以使规范研究的结果得到支持和修正，又可以避免实证研究理论根基不足的问题。

（一）规范研究：文献归纳与演绎

本书的规范研究主要是通过对国内外相关文献的归纳和演绎来构建学科集群知识驱动创建的高新技术企业创建与集群化成长机制的理论模型。通过详细分析和整理国内外大学知识溢出及其效应、知识溢出型创业以及高新技术产业的相关理论研究成果，本书总结出以往研究中的主要结论与不足，并在此基础上进行创新，提出本书的理论基础；然后，结合我国高新技术企业的实践现状，从理论层面构建这类企业的创建机制与集聚成长机制，并进一步分析企业如何通过整合内外部资源与环境支持要素来获得积极的成长绩效；接下来，比较了不同创建属性企业的成长机制的差异性，为后续的实证研究提供理论框架与模型。

（二）实证研究：问卷调研与统计分析

1. 问卷调研

本书实证研究所使用的数据以问卷调研的方式获得。我们在对 5 家学科集群知识驱动创建的高新技术企业进行深度访谈的基础上，围绕学科集群知识驱动创建的高新技术企业创建与成长过程中的关键驱动因素、创建机制、成长动力、成长绩效设计调研问卷，并通过湖北省内120家企业的预调研结果对问卷题项进行了修正和调整。最后，对湖北省550家高新技术企业进行调研，获得一手调研数据。

2. 统计分析

为保证研究的规范性与科学性，我们在对理论模型进行验证之前，先进行了如下统计分析步骤：第一，对样本数据进行描述性统计分析，用来说明样本企业的特征；第二，探索性与验证性因子分析，用来进行问卷的测试工作，对所用量表进行信度与效度检验；第三，相关性分析，用来表征各变量之间的相关性与相关强度。

3. 理论模型检验——Logistic 回归与结构方程模型

对于学科集群知识驱动创建的高新技术企业的创建机制，本书采用Logistic 回归分析进行检验。重点分析知识特性对于企业创建模式的影响，并检验技术发明人、母体大学和产业集群环境在这一过程中的影响机理。

对于学科集群知识驱动创建的高新技术企业的集群化成长机制，本书采用结构方程模型的方法进行检验。重点关注企业如何整合来自母体大学、学者发明人、产业企业、产业集群环境等不同利益主体的支持要素，以及这些要素如何通过与企业内部功能的耦合来实现企业成长。

以上三种实证研究方法的结合运用，能够较好地证实理论模型的主要假设和基本观点。在第四章将对 Logistic 回归与结构方程模型方法及实施步骤做进一步详细的介绍。

二 研究思路与技术路线

本书研究的基本思路是：以学科集群知识的溢出为逻辑起点，描述和归纳在此基础上创建的高新技术企业的创建与集群化成长机制，包括驱动因素、驱动方式、成长动力形成途径等。分析和比较这类特殊的高新技术企业的创建及成长规律，并对其成长绩效进行测度和评价，最后提出相应的政策建议。

具体的技术路线与实施步骤如图 1－2 所示。

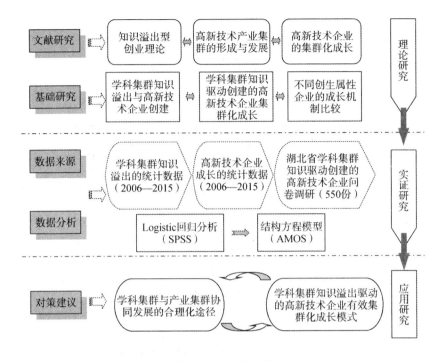

图 1 - 2　技术路线

第四节　内容概要

本书共包括七章内容，研究框架如图 1 - 3 所示。

第一章是绪论部分，针对研究背景提出问题，说明本书的研究背景、研究目的及研究意义，阐述研究方法及技术路线，并明确研究内容及结构安排。

第二章与第三章为理论研究部分。第二章对知识溢出型创业理论、学科集群与产业集群、企业成长理论、高新技术企业成长等相关理论研究进行了回顾与总结。

第三章在第二章理论分析的基础上，进一步聚焦于学科集群知识驱动创建的高新技术企业的创建与集群化成长相关研究，并确定了本书的理论模型。首先，对这类企业的创建与成长特征的相关研究进行了总结；其次，详细阐释了这类企业集群化成长的特殊性，并指出了现有研

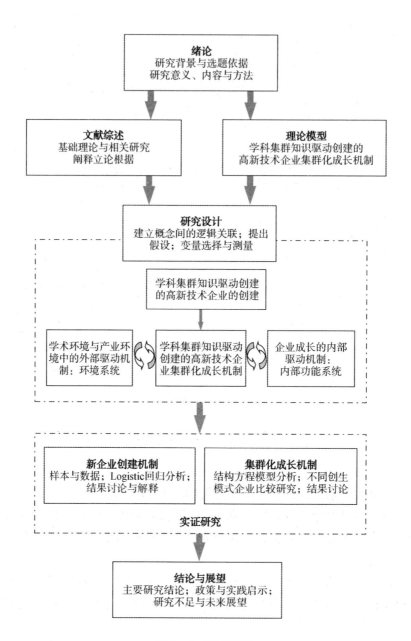

图 1 - 3　研究框架

究所存在的一些不足；最后，以知识溢出型创业理论为研究视角，构建
了学科集群知识驱动创建的高新技术企业的创建机制，并进一步分析不

同创建属性企业的集群化成长机制，强调外部学科集群与产业集群环境驱动系统与企业内部功能系统的耦合效应，也构建了本书的基本分析框架。

第四章是研究设计，将根据前文所提出的理论模型，提出科学、严谨的研究设计与流程，包括提出研究假设、变量的选择与测量、具体的分析方法等，并在此基础上设计调研问卷。

第五章与第六章是实证研究部分，对前文所提出的理论模型与研究假设进行检验。第五章通过 Logistic 回归分析检验学科集群知识驱动创建的高新技术企业的创建，提出知识创新驱动的企业创建模式，并探索技术发明人、母体大学和产业集群环境的影响方式和效果。第六章通过结构方程模型检验企业的集群化成长机制，包括外部学科集群与产业集群环境驱动系统、内部组织功能系统及其耦合效应的检验，并进一步比较不同创建属性的衍生企业成长机制的差异性。

第七章针对研究结论进行了归纳与总结，并基于研究结论提出政策建议，最后指出当前研究的主要局限和未来研究方向。

第五节 本章小结

本章是全书的绪论部分，主要介绍了本书的研究背景、研究目的和研究意义，在此基础上对关键概念进行了界定，并简要介绍了后续所采取的主要研究方法，以及全书内容和结构安排。

第二章 学科集群促进高新技术企业集群化成长的相关理论

本章对研究所涉及的基础理论进行梳理，从知识溢出型创业理论、高新技术企业成长相关理论两方面来归纳与总结相关的研究理论。最后，对现有研究进行了评述，为本书的继续扩展做铺垫。

第一节 学科集群的形成及其知识溢出效应

一 学科集群的形成

学科集群不同于学科群的"具有某一共同属性的一组学科"概念，它是"具有不同属性"的较大跨度学科之间形成的、服务于产业集群自主创新发展的、形成长期共享平台和机制的一种学科聚集和聚合。

目前，我国实施的"211 工程""985 工程"建设，促进了高校学科集群的快速发展。很多高校形成了通过多个学科交叉而构成的交叉学科群体，各学科之间相互促进，最终逐步形成了能够进行科研、教学的交叉学科的联合体，即形成了高校的学科集群。

汪馥郁、李敬德等（2010），刘传哲等（2013）进一步指出了学科集群的关键特征，认为学科集群是在具有不同属性的较大跨度学科之间形成的、服务于产业集群自主创新发展的、形成长期共享平台和机制的一种学科聚集和聚合。

已有研究发现，学科集群的形成源于两种推动力量：一是学科间知识的融合趋势使不同学科之间的合作与融合成为可能。如武汉大学游士兵教授将化学领域的色谱理论引入经济学领域形成了"色谱经济学"。二是产业集群的需求促进与产业相关的学科知识进一步集聚，经济科技相对发达的地区在学科集群及协同创新上具有更多的优势，这是由于高度竞争的科技状态是不同学科间相互学习的动力源泉，加之地缘因素影响，知识融合过程将更加顺畅。

目前国内外对产业集群与学科集群协同创新的研究已有不少相关文献，它们是构建创新体制的核心环节。从研究视角来看，陈林生（2005）以产业集群与区域创新体系结合为视角进行了较为深入的理论与实证研究。孙育新（2010）讨论了产业集群和学科集群以及产业集群和学科集群联合发展的内涵以及特征，进而提出了高校学科集群和产业集群联合发展策略。黄莉敏、陈志（2011）通过探索学科集群和产业集群的发展规律及其发展趋势，分析二者的匹配度、形成原因与发展的协同创新机理，最后提出以学科与产业集群协同创新为导向的发展模式和创建特色产业集群发展政策体系。从研究方法来看，杨晓云、綦振法（2011）运用层次分析法，在梳理产业集群竞争力文献的基础上分析现有研究的不足，构建了新的产业集群竞争力评价指标体系。周健、刘永（2011）按照系统分析法选取各项指标，构建了学科集群与产业集群协同创新能力评价指标体系，并对评价方法进行了简要探讨。黄泽霞（2008）建立了包括合作教育绩效、合作科研绩效和科技成果转化绩效三个二级指标和九个三级指标的指标体系。

二　学科集群与产业集群的协同发展

一方面，产业集群对学科集群具有显著的吸引与促进作用。

产业集群作为一种地方企业网络和生产系统，必然根植于社会经济基础结构、社会政治环境和社会文化中。这种宏观环境本身就为学科集群的形成和良性发展提供了不可或缺的孕育土壤。同时，产业集群对学科集群的吸引还体现在产业集群的区域集中把大量知识、技术、人才和其他关键要素吸引进来，其空间聚集是为学科集群的形成提供资源、信息、人才等，形成了学科集群的聚集吸引效应。

另外，产业集群的聚集使其在空间上产生接近，彼此间的联系出现愈加紧密和频繁的趋势，知识与人才、人才与人才、人才与技术之间相互影响，为知识、技术、信息、人才等创新资源的交流和传播创造了天然的平台。

另一方面，学科集群也为产业集群的发展提供重要的创新支撑力量。

产业集群中核心企业或强势企业的技术发展和产品革新需要源源不

断的基础研发和学科理论为支撑，与之相对应的学科集群的建立和良性健康发展则体现出尤为重要的基础作用：其知识溢出效应形成支撑产业主导发展方向的优势学科或主干学科，提供基础的学科集群专业化人才和技术支撑，以形成对产业集群的有效支撑。

在产业集群的升级与转型中，学科集群的重要性还体现在为产业集群中企业的发展需要培养人才，提供高效的人才资源。一个以研究型大学和高新技术企业为主体的、不断壮大的学科创新集群，为集群中各创新主体提供了通过相互竞争和合作从事技术创新和内部治理的各种资源和动力，形成了显著的知识溢出效应，并使得隐性知识的积累超越了单一企业的边界[①]。知识溢出效应大大提高了产业集群内隐性知识的易得性，有力地促进了产业集群的成长，进而推动区域经济的发展。

也有研究对学科集群与产业集群发展的问题进行了分析，包括一些大学在专业发展与布局上更倾向于传统的自我发展模式（Soetanto & Geenhuizen，2015）；不同学科间一致的、发展功能导向型的产业支撑机制尚未形成；大学与产业之间基于信息交流的流动合作机制没有建立，大学现有研究与产业发展的对接能力缺乏等问题。

三 学科集群知识溢出及其特征

知识溢出是创新理论、内生增长理论、区域经济理论等理论解释创新和区域增长的重要概念之一。知识溢出（Knowledge Spillovers）这一概念最早由 MacDougall（1960）提出，是指从事相似的活动（模仿创新）并从被模仿的创新研究中得到更多收益的过程（Stiglitz J.，1969）。Arrow（1962）首次对知识溢出的发生机制进行了论述，指出当高新技术的秘诀成为公共商品而不为创新主体独占时，知识溢出就出现了。Romer（1986、1990）沿袭 Arrow 的思路，并构建了知识溢出的内生增长模型，Romer 认为知识的某些关键特性——非竞争性和部分非排他性——是知识溢出机制发生的关键。

在知识溢出的内生增长模型中，知识溢出的作用方式是"知识溢出促进创新，创新促进增长"，内生增长创造了新的累积循环因果效应，形成一种强有力的向心力（陈颖，2010）。内生增长理论将技术进步内

---

① Hayter C. S., "A trajectory of early – stage spinoff success: the role of knowledge intermediaries within an entrepreneurial university ecosystem", *Small Business Economics*, No. 47, 2016, p. 641.

生化，并高度强调了知识的作用，即认为知识的积累、技术的进步是经济增长的决定性因素。并且在促进经济增长的过程中，知识或者知识的载体（人力资本）具有规模报酬递增的特性。这种以知识为基础的新的经济增长理论充分肯定了知识溢出在经济增长中的关键作用。

　　学科集群所创造的知识向外部溢出的过程是知识在不同的主体之间流动与传递的过程，即知识在生产主体（如大学、科研院所等）、应用主体（如产业企业、其他个体等）和中介主体之间的流动过程（孙兆刚，2006）。在这一过程中，知识的流动增进了企业间甚至产业间的交流合作，推动技术创新和产业升级，进而促进经济增长。Romer（1986），Keilbach（2000），Badinger 和 Tondl（2002）等学者通过一系列实证研究证实了学科集群知识溢出是区域经济增长的重要原动力，并强调知识溢出对区域经济增长的促进作用主要是通过两条路径实现的：一是通过知识溢出促进空间集聚，由集聚实现经济增长；二是强调知识溢出对技术进步的积极影响，即知识溢出有利于技术进步，进而促进了经济增长。

　　随着研究的深入，学科集群知识溢出的特征及效应也得到了更为细致的分析，学者普遍认同学科集群知识溢出的效率受地理距离、社会距离等因素的影响。梁琦（2004）指出知识溢出的空间局限性特点，认为在地理上的邻近关系是知识溢出的基础（Sjoholm，1999）。Jaffe（1989）的研究表明企业的创新投入不仅有利于本企业创新产出，而且这些创新产出也会向企业外部溢出，被第三方企业吸收和利用。Jaffe 后续的研究（1999）以美国、英国、法国、德国、日本五个国家的专利数据为样本，构建了国家之间的知识流动模型，并考察知识溢出过程对技术创新的作用。研究发现，地理位置、引用专利和被引用专利的种类及时间均对国家之间的知识流动产生影响，研究结果同时也指出了知识溢出具有本地化集聚的特征。Thompson（2005）沿袭 Jaffe（1999）的思路和研究方法，并进一步对样本的技术类别进行了细分，结果也为知识溢出的本地集中化特征提供了证据。Funke 和 Niebuhr（2005）的研究结果也证实了经济活动的空间集中度能够有效促进知识溢出，学科集群知识溢出对产业的促进作用强度呈现出随着地理距离增加而衰减的特征。Breschi 和 Lissoni（2004）在对知识溢出过程的研究中引入了社会距离的概念，考察了社会距离、地理距离及其相互关系在专利引用中所发挥的作用。研究结果表明，当专利发明人之间的社会距离比较远时，地理距离并不能解释知识溢出的效率差异；相反，当专利发明人之间的社会距离比较接近时，地理临近性对知识溢出的作用更为显著。

四　学科集群知识溢出驱动技术创业进程的理论模型

在内生增长理论框架下，知识的创造、溢出及其价值被认为是资本、人力以外的促进经济增长的另一关键要素。内生增长模型假设对知识的投资能够自动地转化为商业价值，换句话说，日益增加的在知识（技术）和人力资本上的投资必然会促进经济的增长。

然而，Audretsch 等（2007）却提出了不同观点，证明了在知识和人力资本上的大量投资并不能必然地、自动地产生预期的竞争力和经济增长。他用历史上的"两个悖论"，即"瑞典悖论"（Wedish Paradox）和"欧洲悖论"（European Paradox）来支持他的观点。"瑞典悖论"指出，虽然瑞典的 R&D 占 GDP 的比率在世界上是最高的，但瑞典表现出令人失望的研究成果转化效率。而"欧洲悖论"揭示出，尽管拥有世界一流的人力资本和科研能力，但欧洲的经济增长和就业仍然维持在很低的水平。

由此 Audretsch 提出了知识溢出型创业理论（The Knowledge Spillover of Entrepreneurship），即由于在新知识的投资和商业化之间存在一个过滤器，因此，必要的传导机制是需要的，而创业就起到了传导器的作用。只有通过创业，才能将知识和创意商业化或资本化。换句话说，知识并不会自动地完成商业化进程，为了保证在知识上的投资产生竞争力和经济增长，应该通过鼓励创业来使知识的溢出进程便利化。创业既是知识溢出的一种重要形式，也可以看作知识溢出的一种机制。

知识溢出型创业理论认为内生增长模型的两个中心假设并不现实，并做出修正：一是知识并不等于经济知识，即知识并不能自动地转化为经济价值。二是新知识的产生和存在并不一定会自动溢出，从而促进内生增长。

ACS 等学者（2009）在归纳和总结 Schumpeter（1911）、Romer（1990）等研究成果的基础上，进一步构建了知识溢出型创业的理论模型[①]：

---

① Acs Z. J., Braunerhjelm P., Audretsch D. B., "The knowledge spillover theory of entrepreneurship", *Small Business Economics*, Vol. 32, No. 2, 2009, p. 22.

$$ENT_{j,t} = \lambda_j + \alpha KSTOCK_{j,t} + BARR'_{j,t}\beta + INC'_{j,t}\gamma + \alpha_4 Z'_{j,t}\delta + \varepsilon_{j,t} \quad (2-1)$$

在式（2-1）中，j 表示不同的国家（经济体）；t 表示时间；ENT 代表创业活动；$KSTOCK$ 表示某经济体的知识存量；$BARR$ 表示某经济体中的创业障碍，包括风险、税收、官僚约束、法律限制、劳动力市场僵化等因素；INC 表示在位者的内部知识溢出；Z 表示控制变量，表示城市化程度；ε 为误差项。由式（2-1）可以看出，一个经济体中创业活动的活跃程度受到知识存量、创业障碍、在位者的内部知识溢出、城市化程度四个因素的影响。图 2-1 显示了这四种因素的具体影响方式。

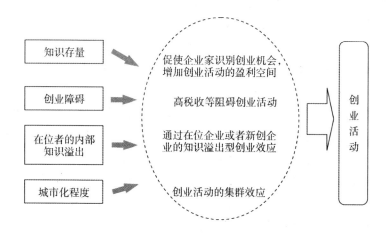

图 2-1　影响知识溢出型创业效率的四种因素

对知识溢出活动的实证研究表明，知识投入越高的领域，知识溢出所发挥的积极作用也越显著，由知识溢出所导致的第三方企业的创业机会也越多（陈琛，2010）。按照知识溢出型创业理论，创业活动趋向于知识投资密度较高的高科技领域，这是因为新企业的成功创建在很大程度上依赖于在位企业知识溢出所产生的创业机会[①]；反之，在一些知识投资密度较低的领域，知识溢出的积极效应并不明显，难以产生潜在的创业机会。

五　基于学科集群知识溢出的高新技术产业创业机会

创业研究从一开始就特别关注机会的发现过程（Shane & Echardt，

---

① 陈琛：《创业知识溢出理论与实证研究》，博士学位论文，合肥工业大学，2010 年。

2003），而传统的创业研究方法将机会看作给定的或固定的，创业就变成了具有某些特质的个体识别和开发机会的一个认知决策过程，而对于创业机会来源的研究却不够深入（Plummer et al.，2007）。

（一）创业机会来源的两种观点

目前，对于创业机会的研究是基于对熊彼特（Schumpeter）和柯兹纳（Kirzner）的研究工作的继承和发展。熊彼特认为机会是外生的（存在于外部环境中），创业者是在不确定性情境下"创造性毁灭"（Creative Destruction）行为的承担者，其重要职能就是通过不断地、创新性地开发与利用机会，创造经济价值。熊彼特对于信息流动不完全的看法解释了创业者能够识别机会的原因，要素市场中存在的各种知识通常是分散的、零散的，其价值不容易被认知，但创业者独特的创新能力，即对知识价值的识别和整合能力，就能够把这些分散的知识综合并连贯起来，实现其潜在价值。

而柯兹纳（Kirzner，1973）更倾向于机会是创造的观点，即创业机会是通过创业者特有的认知资源和知识产生的，他首次提出"敏锐性"的概念，认为创业者具有信息的高度敏锐性，而机会正是来源于创业者独特的认知模式。从经济发展的角度来看，创业者及其创业活动就是不断优化现有资源组合的进程，在这一过程中，企业家的敏感性有助于他们发现新的知识和新的资源，进而创造出创业机会。

近年来的相关研究中，这种一分为二的研究流派也相当明显。如Shane（2000）认为机会是被发现的；Baron（2004，2006）认为机会是可识别的；Gartner 等（2003）认为机会是创业者根据过往的经验和感知所创造的；Sarason 等（2005）提出了机会的社会构建说。也有学者认为这两种说法都是可信的，而且并不冲突。但是，目前大部分有关创业机会的研究集中于解释如何识别创业机会，而不是如何创造创业机会。已有研究认为，影响机会识别的因素包括创造性（Schumpter，1934）、心理"警觉性"（Gaglio & Katz，2001）、已获得的信息（Shane，2000）、认知模式技能（Baron & Ensley，2006）、社会网络结构（Baron & Ozgen，2007；Gebreeyesus & Mohnen，2013）。其中，创造性、机会敏感性等特质使创业者与一般管理者区分开来，能够以创新性的思维或模式识别商业机会。Bhaduri 和 Worch（2005）的研究表明，创业者的先验知识、创新认知和创新能力是难以分割的，它们所形成的合力使创业者对环境保持高度的敏锐性，并以新的方式搜寻商业机会。

（二）基于知识溢出的创业机会来源

知识溢出型创业理论试图以一种全新的视角来解释特定创业机会的来源。该理论将创业机会的来源定位于"新知识或新创意"（Acs & Armingtom，2006；Acs & Audretsch，2004，2012）。这一理论的基本命题是，在一个组织环境下，如大学或相关学科集群中创造的新知识、新创意，由于存在很高的不确定性，组织很难获得预期的各种产出价值。现有组织如果基于结构惰性，做出维持现状而不是对新知识采取商业化行动的决策，就存在知识的过滤或溢出，为其他人或组织提供了将这些知识商业化的创业机会。

按照知识溢出型创业理论，组织为产生新知识实际所做的投资，与组织试图去商业化的知识（如创造新企业）不是一回事。如果组织外部的创业者能够使用这些新知识而并不为此支付全部成本，那么他们创建新企业的行动就可以看作一种知识溢出机制（Audretsch，2005，2012）。由此，创业是对原有组织创造的而又没有被充分开发的商业机会的内生反映。

然而，并非所有的新知识都能成为创业机会，不同知识溢出所形成的创业机会也存在很大差异。田莉等（2009）提出，知识本身和产业技术环境以及二者之间的匹配决定了学科集群中某一新知识是否能成为创业机会，并由特定创业者通过创建新企业的方式来进行商业化运作。李华晶（2009）基于知识溢出分析了各区域创业活跃程度的差异，提出不同区域的创业活动之所以存在差异，根本原因在于创业机会的不同。而知识作为创业机会的重要源头之一，其具有的高度不确定性和非对称性特征，造成不同经济主体对新知识的应用预期出现差异，从而促进新企业的生成，使创业成为知识从产生组织到商业化组织的溢出机制传导器。李华晶也指出了学科集群知识溢出对于实现新知识商业化应用的重要效应，认为学术创业对于突破知识过滤的屏障、促进经济发展具有重要意义。

第二节　高新技术企业的创建

大学是知识创新的主体，也是技术创新和知识应用的积极参与者。一直以来，大学处于知识创造与传播的核心地位，在社会生活和国家创新体系中扮演着重要角色。在大学长期发展的过程中，随着时代变迁，大学的职能不断扩展，从单纯的教学与科研使命扩展到服务于地方经济发展的"第三使命"，这种使命的拓展和延伸使得大学从一个从事人才培养和科学研究的社会次要支撑机构向主导机构转变，大学开始直接为推动经济与社会的发展提供力量。但无论大学的使命如何变化，都离不开"知识"这一核心要素：科研，即知识的创造；教学，即知识的传播；社会服务，即知识的应用，这些职能构成了大学知识"从产生、传播到应用"的价值链条，也充分体现了大学的知识禀性。

在大学学科的发展分化过程中，学科集群对产业集群发展的积极作用愈加鲜明。一方面，体现在产学研合作的不断深入，学科集群与产业企业之间的合作越来越频繁和具有持续性，基于大学学科的科研成果向产业转化的进程也越来越顺畅；另一方面，在政策的鼓励下，一些高校中的组织和个人深入企业中，积极参与高新技术企业的经营发展，为解决科技成果和价值转化脱节的问题提供了理想的解决方案。

一　学科集群知识溢出的方式

正如 Hershberg（2007）指出，经济扩张越来越依赖于创新能力的增长而不是资源投入的增多，创新将会带来更多的经济推力，并产生众多的工作机会。因此，拥有大学的地区将会比没有大学的区域更加发达，大学能够通过知识商业化、提供技术支持以及有能力的研究人员来促进当地区域的经济增长。

传统的观点认为，知识溢出机制更多地具有非价值性特征，如通过高素质的人才输出实现科学领域创新与经济领域创新的整合，通过创造先进的科学知识来促进科技进步和产业发展，而大学本身并不应该直接参与知识的市场化进程。然而，这种间接的知识溢出方式并不能完全满足社会和经济发展对于先进知识的需求，现实中大学知识的创造与价值实现仍处于"断裂状态"，内生增长理论框架下日益增加的在知识（技术）和人力资本上的投资似乎并没有发挥所期待的效果。现代大学需要一种可持续的机制来提高知识溢出的效能和效率，使知识从创造到价值实现的路径通畅起来，即能够有效利用所创造的知识解决经济和社会问题。亨利·埃茨科维兹在《三螺旋》一书中指出了现代大学的重要功能，认为现代大学已由社会次要机构上升为社会主要机构，成为与产业、政府同样重要的组成部分，他认为"大学—产业—政府之间相互作用，每个机构范围保持传统作用和独特身份同时又起着其他机构范围作用的三螺旋模式，是组织创造的兴奋剂"。

因此，越来越多的知识溢出机制带有强烈的价值倾向，许多大学通过研究成果转化的方式参与到所创造知识的价值实现过程，甚至一些大学直接创办衍生企业将所创造的发明或技术产业化。现代大学与社会、产业、政府之间的关系变得更加密切与复杂，以斯坦福大学、麻省理工学院和剑桥大学为代表的一些欧美大学，努力服务于经济发展、研发新科技、催生新产业的实践，构成了知识溢出对地区经济发展的直接贡献方式。克尔用"巨型大学"（multiversity）来描述现代大学。他认为现代的大学早已发展出自己的个性，尤其在美国，大学已经彻底地参与到社会中去。由于知识的爆炸及产业发展对于知识依赖性的增强，大学已经成为"知识工业"（knowledge industry）之重地[①]。学术与市场已经结合，大学自觉或不自觉地成为社会的"服务站"。

在全球各地，学科集群知识溢出的价值导向都逐渐清晰起来，越来越多的研究认为，现代大学不应该是完全独立于产业之外的"象牙塔"，大学与政府、产业的有效合作，将为促进区域知识流动与经济发展做出更加直接的贡献。如剑桥大学提出了"知识整合社区（KIC）"的模式，为全面和多角度地解决技术、经济、社会问题提供一个创新性的平台。"知识整合社区（KIC）"强调由政府牵头，组成一个由研究、教育和产业部门构成的联盟机构，共同提出所面临问题的解决方案。在这个"知识整合社区（KIC）"里，大学研究者引导 KIC 的研究活动；企业提供必要的投入并决定 KIC 的研究主题，使之能切合产业需求；政府的作用在于构建一个能吸引不同利益相关者的机制和网络结构；教育

---

① ［美］克拉克·克尔：《大学之用（第五版）》，高铦等译，北京大学出版社 2008 年版，第 7 页。

组织保证学生在理论和实践层面掌握知识交换的有关知识。KIC 的核心使命在于促进知识的交流，它超越了传统的、单向的从学术界向产业界的知识转移，强调知识的多向流动。

以价值为导向的学科集群知识溢出所带来的巨大经济效益和社会发展推动力是显而易见的。根据 Milken 研究院的调查，美国排名前 30 的高新技术产业区中，29 个与大学有着密切关联，如硅谷依托于斯坦福大学；波士顿科研中心依托于麻省理工学院和哈佛大学；北卡罗来纳科技三角园区依托于杜克、北卡罗来纳和北卡罗来纳州立大学。众多高科技园区与当地的研究型大学形成良好的互动关系，相互促进，连成一体。①

学科集群的知识溢出是一个从"知识创造"到"价值创造"的复杂进程，涉及多主体、多步骤、多环节。传统的观点一般将大学和产业的活动分别定位于两种相对独立的环境中，分别承担知识创造与价值创造的职能。但在实践中，大学与产业的活动并不是完全隔离的，而是可以进行有效的整合，大学不仅是知识创造的主体，而且完全有能力参与到知识溢出的后续环节，通过不同学科间的有效融合与协调，形成有影响力的学科集群，去影响甚至塑造一个具有自己风格的企业群落，甚至创造新的产业，并通过科学的商业化创造和积累财富。

一些研究也提出了以商业价值为目的的学科集群知识溢出的适度性问题。有学者对大学的市场化进程表示担忧，认为会使科学规范受到利润动机的损害（Bok，2003；Nelson，2001），怀疑在利益的驱使下大学还能否保持纯粹的科学道德。最显著的证据是，知识溢出的商业利润使大学明显从基础研究向应用研究倾斜，进而增加对应用研究的投入，减少对基础研究的投入（Gideon D. Markman et al.，2005；Magnus Gulbrandsen，2005）。Thursby 等（2007）使用教师行为的生命周期模式显示，技术许可活动不仅增加了总的研究工作，同时也增加了应用研究的比例，他们认为技术许可活动会使大学偏离基础知识的生产活动。Maria Theresa Larsen（2011）的研究结果也证实了这一观点，他认为"对学术研究的商业价值日益受到重视，可能会有消极的、意想不到的后

---

① 李世超、苏竣：《大学变革的趋势——从研究型大学到创业型大学》，《科学学研究》2006 年第 4 期。

果，特别是它可能对生产和传播科学知识，或对公共科学开放式的性质产生有害影响"。①

二　学科集群知识溢出的效应

在欧、美、日等科技强国，学科集群知识溢出对当地的技术创新和经济发展已经显示出强劲的推动作用，如美国的"硅谷现象"。学科集群知识的溢出效应也成为内生经济增长理论与新经济地理理论的热点问题（Fujita M. et al.，1999）。但事实上，高校如何为区域创新和经济发展做出贡献尚没有达成一致结论。近半个世纪以来，大学在社会经济发展中的角色不断地发生改变，大学知识商业化的方式和对地区经济发展的贡献也呈现动态性（Bathelt et al.，2010）。

早期的研究均假设学术界和产业界之间存在一种互补性关系（Azoulay et al.，2008）。青木昌彦、原山优子（2005）指出大学和产业存在各自固有的特性，两个分属于不同领域的参与者——大学和产业的相互作用所产生的相乘效应能够提高大学与产业各自的潜能。Fischer M. M. 和 Varga A.（2003）利用知识生产函数模型（KPF）进行的实证研究表明，大学的 R&D 活动对区域创新乃至区域经济发展均有重要的促进作用，Anselin L.，Varga A.，Acs Z.（2000），Audretsch D. B.，Feldman M. P.（1996）的研究也支持以上观点。

随着研究的深入，学者发现并非所有的学科集群知识溢出都能得到好的效果。促使大学所创造的知识向产业转移并实现其经济价值，是一个复杂的过程，溢出的效果受到多种因素影响。在美国大学的科研发明中，仅有 1/4 通过申请，成为专利；又仅有 1/3 的专利技术能够通过许可得到转化；最终，转化的专利中仅有 10%—20% 产生了显著的经济收益（Carlsson & Fridh，2002）。因此，越来越多的学者关注究竟是哪些因素影响了知识溢出。Lee J. 等（2004）比较分析了新加坡三所大学技术转移中心的单向与双向技术流活动；Anderson 等（2007）将知识溢出所涉及的三大主体归纳为大学科研工作者、技术转移办公室（TTOs）以及私有企业，并采用数据包络分析法（DEA）对知识溢出过程进行分析，通过检验发现，公立高校和私立高校在知识溢出效率上有

---

① Larsen M. T.，"The implications of academic enterprise for public science: An overview of the empirical evidence"，*Research Policy*，No. 40，February，2011，pp. 13 – 14.

所不同。Elisa Giuliani、Valeria Arza（2009）对知识在产业中的流动价值进行了评估，认为只有将知识传递给区域中具有较高潜力的企业才是有价值的。Giuliani 等通过比较智利和意大利葡萄酒集群的数据，发现企业的知识基础是有价值的学科集群知识溢出机制形成的主要驱动力。因此，学科集群的知识溢出的路径与方向应该是具有"选择性"的，将"最合适"的知识连接到知识基础"最优化"的企业才能产生高效率的、有价值的知识溢出。

学科集群的知识溢出进程也依据地域差异性呈现出不同的特征与效果。由于区域经济乃至一个国家的经济表现可能会依赖于产业集群的创新能力（John & Pouner，2006），一些学者认为学科集群知识溢出对经济增长的影响体现在对产业集群发展的推动效应。这种积极影响不仅包括为 R&D 密集型产业提供技术来源、受到良好培训的技术人员以及管理人才，还包括促进新产业的形成与产业生态的结构合理化①。廖述梅（2011）利用 Grilichers - Jaffe 知识生产函数，实证研究了我国大学研发对企业技术创新的总体溢出效应和地区溢出效应。结果表明，总体上，我国大学的研发活动对企业专利和新产品创新均产生了显著的地理溢出效应；在地区层面上，东部和中部地区大学研发对企业新产品创新产生了显著溢出效应，而西部地区大学研发对企业专利创新产生了显著溢出效应，基本上呈现东部企业创新最强、中部次之、西部最弱的格局。Kun Chen 等（2007）发现，我国学科集群知识溢出对经济发展的影响因地域不同呈现出很大差异，北京和深圳的科技产业集群呈现出完全不同的演化轨迹。Wei Hong（2008）也得出了类似的结论，他认为中国1985—2004 年学科集群知识溢出路径的地域性差异反映出大学知识向产业界流动的分权化（decentralizing）和本土化（localizing），知识溢出的地域性限制在中国各省之间已变得非常明显。

三 学科集群知识驱动创建的高新技术企业的创建

学科集群的知识创新活动频繁，且创新领域涉及各学科、各行业的前沿问题。同时，大学中的教学与科研活动为高校科技创新提供了良好的实践平台，是知识溢出与扩散的重要"发源地"。知识溢出对于高新

---

① Habersetzer A.，"Spinoff dynamics beyond clusters: pre – entry experience and firm survival in peripheral regions"，*Entrepreneurship & Regional Development*，Vol. 28，No. 10，2016，p. 801.

技术企业乃至科技型产业的创建都具有显著的积极效应。从一定程度上来说，大学创造了生命技术等高科技产业。知识的有效溢出极大地开发了有商业价值的创新成果，最终产生了新的生产力（Kauffman Foundation，2011）。

UNICO（2002）和AUTM（2002）的调查结果指出，以学科集群知识为基础的商业化活动已经愈演愈烈，在英国和美国，科研机构衍生的企业数量急剧增加，在过去的十年，基于学科集群知识的创业活动几乎翻了一番。事实上，高新技术企业的创业失败率是极高的，不但面临着一般性新创企业的成长弱性与资源瓶颈，同时还面临着产品生命周期短、机会窗口短暂、研发成本高昂等高新技术企业的特有挑战。很多生存下来的新企业也并没有构建起竞争优势，距离熊彼特提出的新企业标准——具有创新、成长导向和财富积累特征（Schumpeter，1934）——还有相当大的差距。有学者指出，新创企业在创建时的初始条件在很大程度上决定了企业的初期生存能力，并通过路径依赖效应作用于新创企业的生存和成长状态（Shane & Stuart，2002；Burton & O'Reilly，2007）。

因此，近年来，越来越多的学者关注到学科集群知识驱动创建的高新技术企业。这类企业作为典型的高新技术企业，具有一般新创高新技术企业的特点（Shane & Venkataraman，2003），其学术背景及与母体大学复杂的治理关系使得其创建模式、成长方式都具有特殊性。

目前的大部分研究侧重于从母体大学的角度入手来分析学科集群知识驱动创建高新技术企业的途径与效率，以及这一进程的影响因素。一些学者分别评价了大学的学术地位、大学技术转移办公室的效率（Gregorio & Shane，2003）、大学的资源条件（Shane & Stuart，2002）、大学的创业氛围与文化（Siegel 等，2004）、对学术创业的奖励制度（Debackere & Veugelers，2005；Gubeli & Doloreux，2005）等因素对企业创建与成长绩效的影响。另外，宏观层面的政策导向与环境因素也会作用于学科集群知识驱动创建的高新技术企业的成长，如美国的贝多法案（Shane，2004；Carlsson，2004）、联邦和州政府的直接支持机制（Feldman & Kelley，2002；Shane，2013）极大地促进了知识溢出的效率；而瑞典缺乏有竞争力的研究资金和人员，缺乏与产业界的交流（Goldfarb & Henrekson，2003），对创业鼓励不够（Braunerhjelm et al.，

2003）是学科集群的科研成果难以转化为经济效益的重要原因。

我国学者主要对学科集群知识驱动创建的高新技术企业创建与成长过程中的影响因素进行研究。李昱教授从创业研究的视角，分析了大学衍生企业创建的核心要素（李昱，2005）。杨隽萍、蔡莉（2007、2008）分析了科技型大学衍生公司的特征和智力资本对公司价值形成的影响机制。杨德林等学者（2007）针对中国研究型大学衍生企业活动的研究表明，大学衍生企业活动与大学的科研能力、专业布局、科研经费总量、地理位置、大学与政府的关系之间存在着一定的相关性。张云逸（2009）等研究了政府、企业和市场互动作用对学科集群知识驱动创建的高新技术企业创建的影响机理，发现这类企业呈现出较为显著的空间集群现象，在盈利能力方面也存在明显的区域差别。易高峰等（2010）的研究进一步指出，我国的大学衍生企业主要集聚在东部地区的 11 个省、直辖市，尤其在北京、上海、江苏三地，这种集聚效应最为显著①。

第三节　企业成长的动力机制

企业成长的思想可以追溯到古典经济学家对大规模生产规律的研究，而后马歇尔对企业成长规律的阐述、科斯的交易费用理论、彭罗斯的企业成长理论、钱德勒的现代工商企业成长论、纳尔逊和温特的演化理论、爱迪斯的企业生命周期理论等从不同的角度进一步深化并发展了企业成长理论。企业的成长过程不但受到内部的、经济性的因素制约，还受到外部的、制度性的因素制约，因此该领域的研究视角也在不断拓展与深化，并形成了多样性的研究结论，呈现出"丛林现象"。本节试图在对企业成长经典理论脉络进行梳理的基础上，归纳出企业成长的实质，从而为分析学科集群知识驱动创建的高新技术企业成长研究提供理论依据。

一　企业成长理论的渊源

按照古典经济学家的观点，分工的规模经济利益是企业成长的主要

---

① 易高峰、程骄杰、赵文华：《我国大学衍生企业发展的影响因素分析》，《清华大学教育研究》2010 年第 4 期。

诱因——分工和专业化提高了劳动生产率，也扩大了企业的生产规模，而企业规模的扩张必然进一步深化分工协作，如此循环，最终企业通过规模经济实现了成长。最早在著述中涉及企业成长思想的学者当属古典政治经济学家亚当·斯密（Adam Smith），他在《国富论》中用分工的规模经济来解释企业成长问题，指出专业化和分工协作所带来的报酬递增，是市场中一只"看不见的手"，正是这只手的引导和作用，使企业的创建和扩张成为可能。

斯密之后，约翰·穆勒（John Stuart Mill）和艾尔弗雷德·马歇尔（Alfred Marshall）等古典经济学家对企业成长的相关问题进行了进一步的探索。约翰·穆勒主要集中于对企业规模扩张的探讨，认为规模经济利益导致大企业代替小企业的企业成长趋势成为必然。而艾尔弗雷德·马歇尔对企业成长问题进行了较为全面的研究，他在《经济学原理》中从企业规模经济论、企业的市场结构论和企业家理论三个方面对企业成长进行了论述。马歇尔指出，企业规模的不断扩张会降低企业的灵活性，最终导致成长的消极效应超过积极效应，企业便会失去成长的动力。

二　企业成长驱动力的相关理论

与古典经济学家的企业成长思想相对应，现代的一些学者从企业经营管理的角度来分析企业成长的决定因素，被称为现代企业成长理论。其代表有：以彭罗斯为代表的资源成长理论，并经由普拉哈拉德、哈默、提斯等学者的发展进一步深化为企业能力理论；以安索夫、钱德勒为代表的战略成长理论；以纳尔逊和温特为代表的演化成长理论。

（一）资源驱动的企业成长

企业资源理论被认为是企业成长研究领域一个较为成熟的研究视角，一般认为，企业资源理论（RBV，resource - based view）源于彭罗斯（Penrose）1959 年出版的《企业成长理论》一书，经过沃纳菲尔特（Wernerfelt）、温特（Winter）、巴尼（Barney）、康纳（Conner）、提斯（Teece）等人的进一步探索，从企业内部资源和能力的角度对企业成长的产生和持续性进行研究。企业资源理论将异质性资源视为企业竞争优势的根源，强调从企业自身资源出发而不是从市场角度来研究企业的成长。

彭罗斯强调企业内在因素的重要作用，主张视企业成长为一个不断挖掘未利用资源的动态过程，有效地协调各种资源和能力就成为企业成长的原动力。彭罗斯指出，"资源的功能是它们被运用的方式的函数"①，企业作为资源的集合体，为了获得和保持未来的长期竞争优势，必须不断寻找新的资源或以新的方式开发现有资源。巴尼和沃纳菲尔特特别强调了无形资源对于企业成长的重要意义，他们认为企业可持续的竞争优势来源于不可模仿和替代的关键资源，而这些资源通常具有无形特征。

随着研究的深入，人们逐渐发现并非所有的资源都能为企业带来竞争优势，企业竞争优势的根源由具体的资源演变为抽象的能力，并由此产生了企业能力理论。企业能力理论从 20 世纪 80 年代中期以来得到了巨大的发展，并逐渐演化成核心能力理论（Core Competence）与动态能力理论（Dynamic Capabilities）两个重要分支。

核心能力理论以普拉哈拉德（Prahalad C. K.）和哈默（Hamel G.）于 1990 年提出的"核心能力"为标志，他们将核心能力定义为各种技术和生产技能的组合，它贯穿于公司的金字塔式的产品线即生产过程中，使竞争者能够成功地进入新的、表面看起来毫不相关的行业（经营领域）②。核心能力是开发新的经营业务的源泉，它是公司战略的核心要素。普拉哈拉德和哈默还提出了识别核心能力的四个关键方面：一是企业能力是否具有价值性；二是该能力是否独特且不可模仿；三是该能力是否具有延展性；四是该能力是否存在路径依赖性。

然而，核心能力理论虽然解释了企业长期竞争优势的来源，却没有提出有效积累和利用核心能力的途径，也没有回答企业各方面能力的相互作用与匹配问题。核心竞争力理论强调企业的内在成长，但忽视了企业与外部环境的关联。奥纳多·巴顿（Leonard Barton）提出了核心刚性的问题，即核心能力在给企业带来优势的同时也带了隐患，当外部环境变化时，能力的惰性可能会阻塞知识的流动，阻碍竞争优势的发挥③。

于是，在核心竞争力理论之后，提斯等人（1990）提出了强调对环境适应能力的动态能力理论。他们把企业对外部环境变化的应变能力称

---

① ［英］伊迪丝·彭罗斯：《企业成长理论》，赵晓译，上海人民出版社 2007 年版，第 32—33 页。

② Prahalad C. K., Hamel G., "The core competence of the Corporation", *Harvard Business Review*, May – June 1990, pp. 90 – 91.

③ Barton D. L., "Core Capability & Core Rigidities: A Parad – oxin Managing New Product Development", *Strategic Management*, Vol. 6, No. 12, 1992, pp. 81 – 82.

为企业的动态能力，以20世纪80年代以来高科技企业发展的实证分析说明：企业适时反映技术和市场环境变化，通过对企业内外部资源的有效整合进行快速和灵活的产品创新是企业成长的关键①。动态能力理论秉承了熊彼特的创造性毁灭（Creative Destruction）思想，认为企业只有通过对核心能力进行不断的创新，才能获取持续性成长。

继提斯提出动态能力观念之后，不同的学者开始从各个角度对动态能力进行解释，试图将抽象的动态能力具体化。Helfat认为动态能力能够帮助公司创造出新流程或新产品，且能够积极地响应市场变动。艾森哈特和马丁则将动态能力视为企业应对市场的出现、冲突、分裂、演化与消灭而达到新的资源结构的组织与战略惯例（Eisenhardt & Martin，2003）②。更进一步，有学者提出知识、学习能力、吸收能力等是企业成长的关键因素，如Kogut、Zander和Spender认为企业是"知识的独特集合体"，蕴藏在企业或组织层次的社会知识或集体知识构成了企业长期竞争优势的源泉，尤其是难以模仿的隐性知识以及与知识密切相关的学习能力。Keld Laursen等将知识结构纳入企业成长模型，从人力资本、企业及其部门层面对知识结构和知识流进行了考察分析，并视企业成长为企业雇用、培育、激励员工的能力得到增强的过程。Spender（1996）将企业视为一种动态的、演变的和半自动的知识生产和使用的系统，并以隐含性、分散性两个维度对知识进行了分类，指出在所有的知识中，集体隐性知识是最具有战略意义的知识③（如图2-2所示）。

	显性	隐性	
个体	个体显性知识	个体隐性知识	分布性
集体	集体显性知识	集体隐性知识	

图2-2　Spender的知识分类框架

---

① Teece D. J., Pisano G., Shuen A., "Dynamic capabilities and Strategic Management", *Strategic Management Journal*, Vol. 18, No. 7, 1997, p. 523.

② 王庆喜：《企业资源与企业成长》，《商业研究》2004年第15期。

③ Spender J. C., Grant R. M., "Knowledge and the Firm: Overview", *Strategic Management Journal*, Vol. 17, No. 3, 1996, pp. 54-55.

资源学派以资源和能力作为分析企业成长的逻辑起点，从企业内部角度寻找企业成长和持续竞争优势的成因，形成了以资源为基础、以核心能力为基础、以动态能力为基础的企业理论分支，这三个流派的基本思想一脉相承，即试图从企业的内在层面探寻企业的本质与特征以及企业的竞争优势。资源学派认为，企业在本质上是产品、业务背后的要素组成的独特组织，企业成长的动力来自那些具有特质性的要素。所不同的是，随着研究的深入，对独特性要素的认识由"特殊资源/战略资产"转变为"核心能力"或"动态能力"，甚至细化到"学习能力""知识集合"等。

(二) 战略驱动的企业成长

企业成长过程可以看作在环境和资源之间不断进行匹配的战略选择过程，一般认为，战略是企业为适应环境、实现长期目标所进行的资源配置。因此，"成长方向"的明确以及相应的"资源配置"就构成了企业战略的核心特征。

安索夫（Ansoff）认为战略是一个持续的动态过程，并探讨了企业成长的范围和方向（成长向量）问题，他强调企业对自身"能力概况"和"协同作用"的把握①。前者表现企业现有技能和资源的特征，是直接反映企业强弱的现实能力；后者反映企业现有经营项目和新办项目之间的关联性，实质上是企业的一种潜在实力，它预示着有利于企业的发展方向和范围。安索夫将公司战略管理的要素概括为四个方面：产品与市场领域、成长方向、竞争优势和协同效应。他认为，这四种要素可以在公司中产生合力，形成共同的经营主线。

钱德勒（Chandler）将现代工商企业的成长看作企业为适应技术革新和市场扩大而在管理机构方面出现的反应。他认为技术进步和市场扩张是企业成长的根本，引起了企业生产和分配领域的根本性变化，而"现有的需求和技术将创造出管理协调的需要和机会"②。钱德勒将现代工业企业实现持续增长的方式归纳成四种：一是通过横向合并来发展；二是通过垂直一体化来发展；三是通过地区扩张来发展；四是通过多元化来

---

① Ansoff H. I., *Corporate Strategy*. New York：McGraw – Hill, 1965, pp. 143 – 144.

② Chandler A., "Organizational capabilities and the Economic History of the Industrial Enterprise", *Journal of Economic History*, Vol. 6, No. 3, 1992, pp. 81 – 82.

发展。

在波特的战略管理框架里，企业被看作一系列复杂活动的集合，这些活动是为了寻找在市场中有吸引力的定位以适应产业环境的变化，或者说，这些活动的目的是创造特殊的竞争优势。基于战略性资源在企业之间的流动性，企业竞争战略的选择由两个中心问题构成：第一个问题是由产业长期盈利能力及影响因素所决定的产业吸引力；第二个问题是产业内相对竞争地位的因素——拥有优越竞争地位的企业获利更多①。

（三）环境选择下的动态企业成长

演化经济理论将企业成长视为与环境共同演化的动态过程，以纳尔逊与温特（Nelson & Winter，1982）的经典著作《经济变迁的演化理论》为标志，是在进化博弈论、演化理论和组织生态学等理论的基础上逐渐形成的新型企业理论。演化理论从生物学的视角研究企业的演进过程，把企业持续成长看作通过环境选择来实现的动态机制（如图2-3所示）。

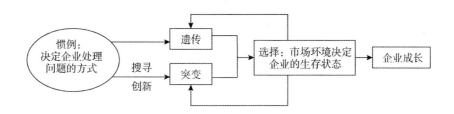

图 2-3　企业的演化机制

演化理论借用了达尔文生物进化论的基本思想，认为企业面临与自然界相似的优胜劣汰、适者生存的互相竞争。企业中存在着类似于基因的企业惯例，即企业所拥有的"各式各样的能力、程序和决策规则"②，它是企业的组织记忆，驱动着企业的行为。但惯例并不是新达尔文主义严格意义上的基因（自然遗传），它具有学习效应的获得性遗传特征，因而可以是拉马克式的（习得性遗传）。企业在成长过程中从事"各式

---

① 韩太祥：《企业成长理论综述》，《经济学动态》2002 年第 5 期。
② ［美］纳尔逊、温特：《经济变迁的演化理论》，胡世凯译，商务印书馆 1997 年版，第 31 页。

各样的'搜寻'和'创新'工作，从而它们发现、考虑和评价它们做事的方式可能有的变化"，进而对原有惯例进行修改和调整，或用新的惯例替代原有惯例。正如熊彼特指出，企业通过模仿和创造性毁灭来获取竞争优势，因而当外部环境变化或企业在市场竞争中处于不利地位时，企业应该及时变革和创新，以获得与环境相匹配的组织特征。

市场环境则承担着选择企业行为的功能，与进化论自然选择中的适者生存规则相类似，在市场环境既定时，决策规则有利可图的企业就扩张，无利可图的企业就收缩。

三 企业成长研究述评

在对企业成长的研究中，一直缺乏一个严谨的、能够操作化并能被学者们共享的成长概念（Davidsson & Wiklund，2000），不同的研究流派对企业成长有着不同的定义，因而对企业成长的研究也发展出不同的视角，并衍生出不同的理论分支。这些理论体系对于如何定义企业的成长、如何评价企业成长的阶段性、如何辨识企业成长过程的驱动因素与制约因素等问题都存在着不同的解释（Wiklund，1999）。但总体而言，企业成长理论的发展仍然呈现出一些可循的轨迹。

首先，对企业实质的分析从"同质"转向"异质"。古典经济学将企业看作无差别的市场主体，企业成长主要是专业化分工与规模经济的产物。而在现代企业成长理论中，企业由于特殊的资源、知识、能力等因素而成为具有显著差异的组织。

其次，对企业成长驱动因素的分析经历了"外部因素—内部因素—综合内外部因素"的进程。古典经济学理论认为，企业成长的决定性因素来源于企业外部，尤其强调市场结构特征对企业成长的决定作用。而以彭罗斯为代表的现代企业内生成长理论把对企业成长研究的视角从外部因素转移到内部因素，主张以"成长经济"理论代替传统的"规模经济"理论，认为企业独特的资源和能力是企业成长的主要诱因。随着研究的进一步加深，学者认识到"核心竞争力刚性"的问题，认为外部环境不但是企业战略性资源的重要获取渠道，而且会制约企业的成长状态。因此，企业必须通过内部资源与能力的整合与创新来积极地响应环境变化。

最后，将企业成长的分析思路由静态转为动态。早期的企业成长研究大部分强调一种静态均衡的研究方法。演化经济学和基于动态能力的企业成长理论，则采用的是一种动态的分析思路，认为企业必须通过不断的学习来适应高度动态的市场环境，只有这样才能获得持续的成长能力。企业生命周期理论则从理论高度抽象地描述了企业成长的过程及阶段性特征，反映了企业成长的规律性。

总之，"企业成长"这一研究领域并不缺乏有意义的理论基础，但是，没有一种公认的理论能够同时解释企业成长的特征、企业成长的驱动因素、企业成长的边界和企业成长的过程。因此，国内外学者在进行研究时，所遵循的理论基础迥然相异，进而导致了研究视角不一、研究结论难以进行借鉴比较的研究现状。

2000—2010 年的 132 项"高新技术企业成长"的相关研究中，以资源理论为理论基础的文献所占的比率最大，达 50.81%；其次是资本运作、会计等财务相关理论（占 34.17%）和战略相关理论（占 25.83%）；从市场、企业边界、交易费用等经济学视角进行研究的论文数量最少（仅为 5.31%）；另外，新兴理论占比 11.43%（如表 2-1 所示）。值得注意的是，一方面，有相当比例（46.97%）的研究融合多种理论来解释自己的研究设计，这对于得到更为科学的结论不失为一种有益的尝试；另一方面，复杂系统理论、突变技术理论、仿生学等本不属于经济管理研究范畴的理论也逐渐被纳入企业成长性评价的框架中（11.43%），这可能使本就不清晰的企业成长理论体系更加庞杂。

表 2-1　　　　　　　　国内外企业成长性研究的理论基础

理论基础	频次		比例（%）
	英文/中文	中英文综合	
资源基础理论	61/6	67	50.81
财务理论	40/5	45	34.17
战略理论	32/2	34	25.83
演化理论、企业生命周期理论	14/3	17	12.91
企业边界、交易费用等经济学理论	7/0	7	5.31
复杂系统理论等新兴理论（原本不属于经济、管理的研究范畴）	13/2	15	11.43
综合多种理论	57/5	62	46.97
未作说明	7/1	8	6.16

注：由于部分研究样本综合多种理论，因此不同理论占比总和超过 100%。

　　然而，企业成长受到诸多因素的牵引与阻碍，正是由于多种力量的此消彼长与动态变化使得企业成长成为一个复杂多变的动态过程（Gilbert et al.，2006）。由此推断，只有将企业成长作为一个过程研究，其动态的实质才能得到更好的描述。而目前该领域的大部分学者普遍假定企业成长是既定的，集中于回答"什么促进了企业成长"这一命题，即通过构建模型或指标体系来表征企业的成长性，然后从企业家、企业、产业、环境等视角对企业成长的影响因素进行理论分析和实证研究。相较而言，目前对于企业如何成长、如何描述和评价企业成长过程则关注较少，而这两个问题恰恰反映了企业成长的实质，对于解释企业成长的本质特征不可或缺。

第四节　高新技术企业的集群化成长

　　科技资源获得的有限性和科技产业的创新性、动态性，决定了高新技术企业的成长对外部环境存在较强的依赖。对高新技术产业集群中的企业而言，产学合作、政策支持、产业集群等多个创新主体共同组成了一个创新系统，对企业成长起到了重要的驱动作用。根据 OECD 的观点，高新技术企业的创新往往是"系统内部各要素之间相互作用和反馈的结果"，依赖于相关学科集群与产业集群的创新集聚效应，即系统内相关创新主体之间的交互作用，知识在创新主体之间的流动与传递（Wouter et al.，2014）。这种创新集聚效应要发挥对高新技术企业成长的实质促进效应，一方面依赖于创新主体间新知识、新技术的传递；另一方面也依赖于相应的资金、人才、关键资源、基础设施等支撑要素。

一　高新技术企业集群化成长的特征

　　对于高新技术企业成长的研究，并没有形成特殊的成长理论，大部分学者依然以企业成长理论为基础进行分析，譬如资源基础理论、核心能力理论、战略成长理论等，但在分析的过程中特别关注高新技术企业及其成长过程的独特性。一般认为，高新技术企业在从创立到成长的过程中面临着高风险性、高创新性与高不确定性，在这一过程中，多种影响因素相互作用、相互促进。许多学者指出，与传统企业相比，高新技术企业的成长在外部环境、驱动要素、组织结构、运作机制和企业功能等多方面均具有更高的复杂性、动态性和不确定性。

作为一种网络化的空间组织形式，高新技术企业的集群化成长能够满足企业从外部持续性获取资源（Shrader et al.，1997）的需求。高新技术产业集群中的企业在合作中逐渐形成共同认定且相对稳定的组织间交互模式，有助于维持集群内有序运行的"游戏规则"（Becker，2005；徐可等，2014）。在这种创新集聚效应下，集群化成长模式能够帮助企业与其他相关主体建立稳定的合作共识和行为范式（党兴华等，2014），从而形成资源获取上的路径依赖，对于改善高新技术企业资源渠道不稳定的状态具有重要价值。

可以认为，在创新资源丰富、创新主体多样化的区域，集群化成长机制能够增强高新技术企业对创新资源的甄别能力，提高对复杂性、创新性资源的搜寻效率（Semrau et al.，2014），尤其有利于企业对异质性资源的获取（Sullivan，2014）。在实践中，企业的资源获取方式往往具有高度重复性（Wright et al.，2015），集群化成长过程中形成的合作惯例有助于高新技术企业从不同创新主体处（如大学和企业）获取资源，能够形成叠加的创新效应（Sirmon et al.，2011；常红锦、杨有振，2016），帮助企业最大限度地获得创新集聚的利好。

（一）创新驱动的成长

激烈竞争的市场环境、不断变化的消费者需求以及不断升级的行业标准使得高新技术企业必须不断地进行技术创新。同时，高新技术企业的高创新性、高风险性等特征也使得企业的成长过程对于技术创新存在很强的依赖性，可以认为，高新技术企业的成长潜力很大程度上取决于其创新能力的高低。因此，国内外学者均非常肯定创新在高新技术企业成长中的核心地位，相当多的研究关注到技术创新能力、组织学习能力、智力资本等因素对高新技术企业成长的影响方式及影响程度。

首先，从高新技术企业的创建机制来看，大部分是创新驱动的，即企业的创立往往是基于高创新性的知识或技术。这一创建特征将导致高新技术企业对技术创新能力存在持续的需求。张炜（2005）运用案例分析方法，对106家科技型创业企业进行研究后得出，知识资本是高新技术企业最为重要的组织资源，是科技型创业企业等知识型企业得以快速成长的关键驱动因素，但同时，创新驱动的成长模式也可能导致高新技术企业在创立初期面临商业资源匮乏的问题。孟宪昌（2003）认为，科技型创业企业面临着企业自身能力弱、信息不对称、竞争对手的低可识别性等成长障碍。

其次，在高新技术企业的成长过程中，创新能力始终是企业保持竞争优势的核心要素，是推动科技型中小企业从创业到成功的关键动力（Graham Beaver，2001），甚至有学者提出，科技型中小企业的持续成长就是企业创新体系不断发展的过程（李颖灏等，2007）。Hayton（2005）进一步指出了创新体系中智力资本的作用，认为智力资本是形成企业持续性竞争优势和成长潜力的源泉。

有学者进一步聚焦于高新技术企业的协同创新研究，探索学科集群与高新技术产业集群协同创新对于高新技术企业成长的作用方式。曹兴、陈琦等（2010），张保胜（2008）强调技术创新是高新技术企业成长的基本驱动力，在高新技术企业成长中处于绝对的核心与支配地位，包括企业的自主创新与合作创新两种方式。高新技术企业的高创新性、高不确定性特征促使企业不断去寻求新的增长点，这就必然会打破与已有联系主体间的稳定合作范式，同时，企业自身的资源需求结构也在发生变化（Coad et al.，2011），更需要高新技术企业去不断调整和发掘新的合作创新模式，以获得与成长相适应的资源集合。值得关注的是，在高新技术企业的不同成长阶段，协同创新带来的技术能力提升对企业成长绩效的作用方式和影响效果存在差异。王勇、程源和雷家骕（2010）以 IT 企业为例，发现协同创新形成的技术创新能力对位于不同成长阶段的高新技术企业具有不同的影响效果，他们认为，这种技术创新能力对创业期的高新技术企业影响最为显著，而对稳定阶段影响不显著。

（二）多要素驱动的复杂成长系统

由于高新技术企业的成长往往是一个复杂多变的非线性过程，因此关于高新技术企业成长驱动要素的研究形成了较为分散的研究视角，学者们分别对资源、技术创新能力、组织学习能力、智力资本等因素如何影响高新技术企业的成长进行了检验，并得出了一系列有价值的结论。

Lin 等（2010）从资源基础观的视角探讨高新技术企业如何通过外部资源的积累获得持续的增长能力，通过对我国台湾高科技企业的多案例研究，发现三方面的核心要素是高新技术企业成长所必需的：技术、网络与合法性。陈业华、陈倩倩（2010）从中小型科技企业成长路径出发，构建了中小型科技企业成长机制的综合模型，并检验了企业成长

的关键要素及其作用方式。研究结果显示，中小型科技企业成长的核心
要素首先来源于企业自身的竞争能力，其次是任务环境、成长资源和宏
观环境[1]。李国伟等（2006）的研究结果表明，我国高新技术企业对企
业层面的影响因素（财务能力、市场开拓能力、技术创新能力、战略
能力）相对投入资源较多，而对产业层面和环境层面（政府行为、产
业政策、区域优势等）投入资源较少，说明我国的高新技术企业在成
长过程中较多地依赖内部资源能力的因素，而忽略了与外部产业和环境
因素的有效互动。

　　由于在市场地位、资源特征、组织经验等方面的差异，初创企业与
成熟企业在战略导向与市场行为方面存在很大差异，因此，许多学者专
门针对科技型创业企业的成长特征、方式与机制进行分析。Eugene 等
（2001）针对高新技术企业的实证研究证实了组织学习与高新技术企业
成长绩效之间存在着显著的正相关关系，组织学习是通过经营和管理知
识资产，进而提高高新技术企业成长能力的一种有效途径[2]。Hayton
（2005）的研究也证实了上述观点，并指出智力资本是组织学习能力的
关键，他发现企业的高层人力资本变化对企业的组织学习行为具有重要
影响[3]。David B. Audretsch（2004）利用德国的高科技企业数据发现，
中小型创新性企业的融资方式与成熟企业存在很大的差异，认为中小型
创新性企业更可能获得风险投资的支持，主要因为这类企业年轻，且具
备较好的人力资本及知识产权[4]。聂锐、孟晓华（2005）将高新技术企
业早期发展的影响因素按重要程度分为三类：非常重要、比较重要和不
很重要。通过实证分析发现在高新技术企业成立初期，融资、创业者的
管理能力、建立产权清晰的法人治理结构、市场开拓与售后服务等对创
业成功非常重要；相较而言，财务管理与控制、研究与发展能力、优秀

　　① 陈业华、陈倩倩：《基于结构方程的中小型科技企业成长机制研究》，《科学学与科学
技术管理》2010 年第 4 期。

　　② Eugene S. S. , David P. S. , Chaston I. , "Learning orientations and Growth in Smaller
Firms", *Long Range Planning*, Vol. 34, No. 4, 2001, pp. 144 – 145.

　　③ Hayton J. C. , "Competing in the New Economy: The Effect of Intellectual Capital on Corpo-
rate Entrepreneurship in High – technology New Ventures", *R&D Management*, Vol. 21, No. 2, 2005,
p. 139.

　　④ Audretsch D. B. , "Financing High Tech Growth: The Role of Debt and Equity", *Working
paper*, SSRN, 2004.

的员工属于比较重要类型，而对外信息交流、采购生产与库存管理、积极向上的企业文化等因素则不很重要①。

也有学者更进一步指出，高新技术企业的成长不能单单以某种（或几种）要素的线性驱动方式完成，而是由多种要素耦合所形成的驱动合力构成的复杂成长系统（辛德强等，2018）。该系统包括企业自身功能系统与外部环境系统的复杂耦合，是由技术创新、战略选择、管理能力、企业家能力等子系统以高度柔性和非线性互动而构成的一个整体系统。张玉明、段升森（2009）提出了科技型创业企业自身功能系统与外部环境系统之间互相依存、互相制约的复杂耦合关系（如图 2-4 所示）。

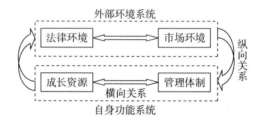

图 2-4 高新技术企业成长系统耦合关系概念模型

（三）环境驱动的集聚化成长模式

高新技术企业资源获得的有限性和科技产业的创新性、动态性，决定了其成长对外部环境存在较强的依赖。环境影响并制约企业的行为，使企业适应环境中要素的变化；反过来，企业通过与环境中其他要素的互动来影响环境，从而创造对企业成长有利的外部条件。也就是说，高新技术企业是一个在特定环境中将投入转化为产出的开放性系统，与环境存在着大量的物质、信息、资源的交流，企业与环境是相互影响、相互依存的，企业受到环境的制约，同时企业行为也在一定程度上影响甚至改变环境。高新技术企业根植于其所处的环境并与之共同进化②，企业得以存续和成长的前提就是要在企业内外部环境要素之间形成一种协

① 聂锐、孟晓华：《高技术企业创业早期成长阶段的管理问题》，《管理学报》2005 年第 4 期。
② 李大元、项保华：《组织与环境共同演化理论研究述评》，《外国经济与管理》2007 年第 11 期。

调的互动关系。

张炜等（2007）的研究证实了外部孵化环境对高新技术企业成长的催化作用。Ari. H. 等（2002）通过考察高新技术企业成长过程中的融资问题，强调了外部融资渠道的重要作用，指出高新技术企业的快速成长必然会导致对外部融资需求的增加。吕一博、苏敬勤和傅宇（2008）从企业能力组合的角度，将高新技术企业的成长影响因素概括为四个方面：企业的风险取向、环境的不确定性、企业的创新实现能力以及企业的创新推广能力，并通过实证研究证实了环境不确定性对于企业的成长绩效有显著影响。陈业华、陈倩倩（2010）特别强调了任务环境与宏观环境对于高新技术企业成长的积极作用。

高新技术产业园区作为高新技术企业集群产生的主要模式，对高新技术企业成长的促进作用得到了大多数学者的认同。Caniels 和 Romijn（2003）认为，产业集群不仅能够对企业竞争力构建起到关键作用，而且发现政策对于集群的实施效率比对于产业更高。朱秀梅（2008）、张铁山（2009）等学者认为，产业集群主要从集群网络结构与资源获取、知识溢出效应、创新氛围三个方面对高新技术企业成长产生积极影响。

政府所提供的政策支持也是高新技术企业成长的重要推动力。David Cornell（2009），Roper 和 Arvanitis（2012）对美国的 SBIR 等成功的扶持计划进行了研究和总结，认为美国的 SBIR 计划是目前针对高新技术企业的政府扶持政策模式中的最好范本，尤其是对于高新技术企业而言。孙林杰（2005）、叶飞（2006）比较并归纳了美国、日本、德国等发达国家对于高新技术企业的扶持政策，主要包括集中立法、成立专门的中小企业管理机构、扶持中小企业成长的规划项目三个层面。章卫民、劳剑东等（2009）对我国的高新技术企业扶持政策进行了研究，认为处于不同成长阶段的企业对于政策的需求也存在差异，但我国的政策支持并不能很好地契合企业需求，而且我国的许多高新技术企业对于支持政策也不熟悉。

同时，高新技术企业的成长也深受区域经济基础、产业集群、政策导向、企业网络等外部环境因素的影响。高新技术企业的具体形态与组织所处的外部环境有关，其成长的演化过程就是对外部环境的适应过程，以达到与外部环境的协调与匹配。一方面，高新技术企业持续的技术创新正是企业为了适应客观环境变化而采取的一系列新举措，以保持企业对外部环境的高度敏感性。这种基于新知识积累和组织结构的创新反过来也势必引发企业之间竞争格局的改变，进而引起外部环境的变化，诱发新的创新性竞争行为，并形成一定的区域特色，如硅谷模式（Silicon Valley Pattern）和波士顿"128 公路"模式。另一方面，外部环境也是高新技术企业获取关键成长资源的场所，外部环境中的不同主体为企业提供技术、信息、资金、设备等一系列资源。例如，供应商、竞争者创新、客户需求以及科研支持机构等外部支持主体从信息获取、资产和技术互补、协同效应以及风险分担等方面为企业持续成长提供了强有力的组织支持。

（四）高新技术企业成长的动态特征

Chen X. Y. 等（2009）指出，尽管新企业的成长绩效已被广泛研究，但很少有研究关注高新技术企业是如何通过复杂的战略选择来追求和实现成长的。基于资源观的视角，Chen 等开发了一个概念框架来链接并组合企业的技术、融资、网络功能，到不同的成长战略，并通过对中国 238 家高新技术企业的实证分析，提出了一种评估机制来说明高新技术企业的战略选择如何影响成长绩效。研究发现，不同的资源组合的新企业，应该具备不同的成长战略，并且特别强调了技术能力对于成长战略和企业绩效之间关系的调节作用（如图 2－5 所示）。

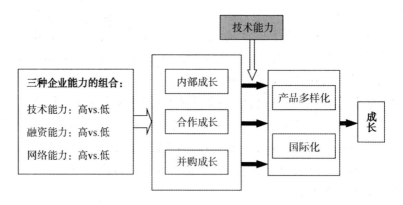

图 2－5　高新技术企业的成长模式：成长战略与成长绩效

越来越多的研究指出，高新技术企业的成长是一个具有高度不确定性的动态过程。杨淑娥、韩志丽（2006）基于复杂性科学观指出，高新技术企业成长系统是由五个关键影响因素构成的一个整体系统，该系统内各节点之间存在的非线性作用形成了一个多维的立体空间网络，该网络通常具有柔性特征，随着高新技术企业的成长呈现一定的动态变化。例如，在高新技术企业成长前期，主要由技术创新、企业家才能、创业孵化和风险资本构成成长系统；而在高新技术企业进入成长中期，孵化器开始逐步退出，虚拟制造、风险资本逐渐介入，既提升了企业技术创新的空间，又帮助企业拓宽了虚拟制造的网络边界①（如图 2 - 6 所示）。王慧（2006）也基于复杂性科学理论视角，系统分析了高新技术企业的成长机制，提出基于竞争与协同的高新技术企业成长动力机制，即高新技术企业的成长演化路径处于混沌与秩序的交界边缘。张维迎等（2005）运用分位回归模型对中关村科技园区内的高新技术企业进行分析，发现企业规模、年龄、技术效率、研发投入和负债率等因素对处于不同增长分位的企业具有非对称性影响②。张萍（2004）的研究特别指出了高新技术企业在成长过程中组织结构的动态变化，高新技术企业的组织结构在企业成长的不同阶段具有不同特征，呈现出从静态向动态演进，从刚性向柔性演进的形态变化轨迹。

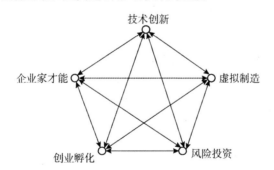

图 2 - 6　高新技术企业成长的立体空间网络

二　高新技术企业的成长性评价

企业的成长性是指在一个较长的时间框架内，企业由小变大、由弱变强的持续性增长过程。只有企业在未来生产能力、资产规模、市场份额以及利润空间等各方面均保持某种程度的增长状态时，才能被认为具

---

① 杨淑娥、韩志丽：《复杂性科学观下的高科技企业成长机制与成长指数设计》，《经济管理》2006 年第 6 期。

② 张维迎、周黎安、顾全林：《高新技术企业的成长及其影响因素：分位回归模型的一个应用》，《管理世界》2005 年第 10 期。

有良好的成长性①。国内外学者围绕高新技术企业的成长特征、成长性评价展开了一系列探索，并形成了丰富的理论成果。下面，我们针对目前高新技术企业成长性评价相关研究的评价方法和评价指标体系设计两个方面进行归纳。

（一）高新技术企业成长性的评价方法

在评价方法上，大部分研究采用数据统计分析、实证研究、结构模型等科学的量化研究方法，故研究结果科学性强、可信度高。但是许多研究侧重于某一种要素对企业成长性的作用机制分析，缺乏系统整体性研究成果，难以全面理解高新技术企业成长过程中多种因素之间的相互协调性。

图 2 - 7 显示了 2000—2010 年国内外 132 份高新技术企业成长性相关实证研究所采用的研究方法。从统计结果上看，首先最常用的研究方法是多元回归分析，其次是结构方程模型。以上两种方法通常是假设变量之间存在线性关系，而事实上，很少有公司能够经历一致的、随时间变化线性增长的过程。许多研究发现，企业的规模在一个时间框架内是以非线性的方式增长的（Moreno A. M.，2008），只有极少数的公司呈线性的、稳定的增长趋势。这样一来，我们常用的研究方法就可能会忽略企业成长性本质发生的变化。因此，近年来，许多新兴的研究方法尝试从非线性的系统角度解释企业的成长性，如层次分析法（7.32%）、网络分析法（5.30%）等，但这些方法的科学性、对企业成长的解释程度、适用范围等显然还需要进一步考证。

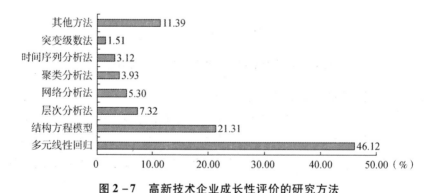

图 2 - 7 高新技术企业成长性评价的研究方法

① 周志丹：《成长型高新技术企业的成长性评估研究——基于宁波市的实证分析》，《科研管理》2010 年第 4 期。

（二）高新技术企业成长性的评价指标体系

基于企业成长相关理论的多样性和企业成长本身固有的复杂特征，已有的实证研究对如何测度企业的成长绩效尚未形成一致的看法。Delmar 等（1998），Weinzimmer 和 Nystromand Freeman（1998），Gilbert 等（2006），Shepherd 和 Wiklund（2009），Storey（1994）等基于对企业成长的不同认识选择了不同的企业成长性测度指标，其中包括销售收入水平、盈利能力、资本结构、雇员人数、市场份额等[①]。从高新技术企业的成长过程来看，往往是在企业增长一段时期以后才会有正的利润，因此有研究认为，雇员人数的增长是评价高新技术企业成长的更加直接的指标[②]。

原国家经贸委、国家统计局联合课题组联合提出了评估成长型中小企业的 GEP 评价方法，以企业实际财务指标为直接依据，建立起包括发展状况、获利水平、经济效率、偿债能力和行业成长性五大类指标的综合指标体系，从空间和时间两个维度上考察企业的成长轨迹[③]。

我们对 2000—2010 年国内外 132 份实证研究文献中对于高新技术企业成长性测度的方法进行了统计，表 2 - 2 的统计结果表明，财务数据指标的使用最为普遍，超过90%的研究将其作为测度变量纳入评价指标体系中。其次是雇员人数指标（62.12%的研究使用）和市场份额指标（56.06%的研究使用）。许多学者认为，不存在最优的企业成长性测评指标或评价系统，在研究企业成长时，应根据具体因素，探索使用多个不同的成长性指标，构建复合评价指标体系有益于研究的合理性[④]（Frederic Delmar，Per Davidssion，William B. Gartner，2003）。

---

① Shepherd D., Wiklund J., "Are we comparing apples with apples or apples with oranges? Appropriateness of knowledge accumulation across growth studies", *Entrepreneurship Theory and Practice*, Vol. 33, No. 2, 2009, pp. 113 – 114.

② Weinzimmer L. G., "A replication and extension of organizational growth determinants", *Journal of Business Research*, Vol. 48, No. 1, February 2000, p. 39.

③ 国家经济贸易委员会中小企业司、国家统计局工业交通司、中国企业评价协会联合课题组：《成长型中小企业评价的方法体系》，《北京统计》2001 年第 1 期。

④ Delmar F., Davidson P., Gartner W. B., "Arriving at high growth firm", *Firm Journal of Business Venturing*, Vol. 18, No. 2, March 2003, pp. 206 – 207.

表 2 – 2　　　　　　测度高新技术企业成长的指标特征和频次

测度指标	频次		比例（%）
	英文/中文	中英文综合	
财务指标（如销售收入、资产总额、市盈率等）	109/11	120	90.91
雇员人数	73/9	82	62.12
市场份额	69/5	74	56.06
技术创新能力	53/3	56	42.42
管理能力、雇员素质	34/5	39	29.55
成长战略（如多元化、国际化等）	21/2	23	17.42
其他（成长方向、价值增长等）	49/4	53	40.15

注：由于样本的指标体系通常是多维度的，因此不同的指标占比总和超过100%。

第五节　本章小结

总体而言，国内外学者在学科集群的形成和知识溢出方式、学科集群知识驱动创建的高新技术企业的创建模式、高新技术企业成长驱动因素、集群化成长机理等研究领域取得了大量有价值的成果，但也存在值得进一步探讨和完善的空间。

第一，许多学者肯定了学科集群知识溢出对于高新技术企业集群化成长的积极作用。但对于知识溢出如何促进高新技术企业有效成长尚缺乏深入、系统的探索。学科集群的知识溢出究竟构成了怎样的创业机会？基于知识溢出创建高新技术企业，如何从学科集群与产业集群环境获取资源并实现经济价值？以上问题在以往的研究中均很少涉及。

第二，现有研究指出，高新技术企业的集群化成长机制是一个创新驱动、多要素综合作用下的复杂动态系统，并且对环境存在较强的依赖性。但少有学者针对高新技术企业创建属性与成长机制的关联性进行研究。事实上，由于技术创业固有的高创新性、高不确定性和高动态性，高新技术企业的生存与成长能力在很大程度上受制于企业的创业资源与创业条件。

第三，企业成长理论的"丛林"特征导致了目前对于如何分析与测度企业成长并没有形成一致的结论。学科集群知识驱动创建的高新技术企业，由于其学术创建背景导致了更为复杂的成长机制和价值判断，因此对其成长绩效做出评价更为困难。如何对这类高新技术企业的成长绩效进行科学的评估？如何将大学所创造知识的创新属性与最优的组织形式相匹配？现有文献中几乎难以找到答案。无论是对于学科集群知识溢出的方式与效果，还是对于高新技术企业的成长性衡量，现有文献均缺乏权威的、科学的分析方法。

第四，现有研究偏向于从外部对企业进行整体分析，而很少对企业的能动机制进行研究。作为高新技术产业中的竞争性组织，学科集群知识驱动创建的高新技术企业很难独立地完成生产经营所需的所有活动，需要通过组织间深度的资源交换与能力互补行为来构建持续的成长能力（Luk C et al.，2008）。现有文献大部分强调从外部提供支持要素来弥补这类企业商业资源匮乏的问题，而这类企业能动的整合资源、构建竞争优势的途径却不清晰。这样一来，这类高新技术企业的集群化成长逻辑无法得到完整的描述，不同成长驱动要素的有效性与衔接性也难以进行检验。因此，需要一个从内到外的研究方法，本书的研究可以为弥补这方面的理论不足做出贡献。

第三章 学科集群促进高新技术企业集群化成长的理论模型

本章在文献分析和归纳的基础上，对学科集群驱动创建的高新技术企业创建、成长过程的独特性及其规律进行梳理，旨在厘清理论模型的研究脉络，以明确各个研究要素之间的相互作用关系。

企业创建是从无到有的过程，对于企业创建机制的考察，我们着重于技术发明人、母体大学、产业集群环境的特征对企业创建模式的影响机理。而新创企业的成长是企业从小到大、从弱到强的进程，对于企业成长机制的考察，我们强调外部环境驱动要素所构成的外生成长机制与企业功能系统所构成的内生成长机制的耦合效应，着重探讨技术发明人、母体大学、产业集群环境、产业合作伙伴等不同环境下的支持主体提供的实质性的支持要素如何通过与企业内部功能的匹配、调适，转化为企业的成长动力。

第一节 学科集群知识驱动创建的高新技术企业创建机制模型

学科集群在知识溢出的过程中，自身的知识创新优势将积极地为地区经济的发展做出贡献，尤其是有特色的学科集群，常常与当地的高新技术企业呈现密切关联。随着科学技术不断取得重大突破，大学科研成果也加速向市场转化渗透，为区域、国家经济的稳定增长提供源源不断的动力。

学科集群知识驱动创建的高新技术企业，理论上，在演进过程中是从一个非商业化环境下的首创理念转变为一个竞争性的寻租企业（Vohora et al.，2004），其创建与成长过程必然涉及学术与产业两种不同环境下的个体或组织，形成了以知识的生产、传播与应用为基础的跨越多个组织的知识流动与价值互动。而知识资源与传统资源的一个根本区别在于其高溢出倾向，在实现价值的流动过程中必然产生溢出效应。

因此，从本质上讲，这类高新技术企业可以看作基于学科集群知识的一种"知识溢出型"创业，这类企业一般是由技术驱动的，其成长始于大学的某项新知识或新发明，因此企业成长绩效的高低在很大程度上就取决于企业对知识的应用能力，正如管理学大师彼得·德鲁克（Peter Drucker）所述，"知识已成为企业关键的经济资源，而且是竞争优势的主导性来源，甚至可能是唯一的来源"。

一　创建机制

按照知识溢出型创业理论，作为知识创造的主体，大学仅会对所创造的新知识中的某个子集有商业化的倾向（Carlsson，2005）。这样一来，知识溢出的途径就可以分为两类，由此形成了两种创业路径：一类是组织内溢出，即大学作为创业主体将知识内部商业化，这类知识溢出途径构成了大学衍生企业（University Spin – off Companies，USO）的创建机会；另一类是组织外溢出，即向产业转移，这类知识溢出途径给产业环境中的组织或个体提供了创业机会，可能会促使公司衍生企业（Corporate Spin – off Companies，CSO）的创建。

在这一知识溢出的过程中，知识本身的特性，如创新性、先进性、复杂性等特征对于衍生企业的创建起到关键作用。这是由于大学作为知识的创造主体，对知识的潜在价值及应用前景有着更清晰的认识，因此在知识的商业化过程中，大学的合理决策是将高创新性、高预期价值的知识自行商业化，同时，出于知识产权保护的考虑，大学更倾向于将具有先进性与原创性的知识自行商业化。另外，大学所创造知识的技术形态直接影响了知识转化为终端产品的复杂程度。当技术形态完整、市场化程度高时，所要做的仅仅是生产、制造和销售，从大学向产业的转移进程就变得比较简单；反之，对于需要大的二次开发或中试等环节、投入大、技术市场前景不很明朗的技术，其转移过程就会很复杂。而高校产生的绝大多数专利技术都存在理论和实践深度大、技术成熟度小、市场化程度低的问题，因此可能会阻碍技术向大学外部溢出。这样一来，创新性强、复杂程度高的知识更倾向于以大学组织内溢出的方式，即通过大学衍生企业的创建实现其价值[1]，而复杂程度低、创新性相对较弱、市场成熟度高的知识则更可能促进公司衍生企业的形成。夏清华、李雯（2012）对 USO 创建机会的实证研究也支持这一结论，回归分析的结果表明，USO 的形成往往是创新驱动的，USO 的创建机会通常来源于创新性强、市场耦合程度低的知识，而与知识预期市场价值的关系并不明显。

同时，无论是 USO 还是 CSO，在创建过程中都会涉及学术环境与产业环境中的组织或个人，因此，能否获得有效的创业资源并得到政策上的支持，也是企业成功创建的关键因素（Aaboen et al., 2016）。

一方面，学术环境中的创业支持是 USO 或 CSO 创建的最初动力。正如一些研究所指出的，大学衍生企业的有效创建存在很大程度的路径依赖[2]。一些成功大学的特征和条件（如 MIT、斯坦福），包括科研实力、创业文化、政策导向等衍生企业创建的关键因素均很难被其他大学效仿（O'Shea et al., 2007）。O'Shea 等（2005）指出，在美国，每所大学平均每年衍生出 1.91 家衍生企业，而 MIT 每年就能衍生出 31 家企业。这种现象说明母体大学的某些特质制约着知识溢出的方式与效率，其支持要素及政策引导对大学衍生企业的发展起着重要作用。夏清华、李雯（2012）的研究发现，在知识溢出过程中，大学自身的资源禀赋直接促进了大学衍生企业的创立，其政策引导对"知识特性——大学衍生企业创立"关系有显著的调节效应。而技术发明人作为知识的创造者，其创业倾向与创业行为也必然对知识能否有效地溢出并实现价值产生影响。Agrawal（2006）使用麻省理工学院的样本进行研究，结果显示更多技术发明人的参与增加了大学知识商业化成功的可能性和效率。

另一方面，一些学者提出了产业集群环境（Regional Cluster Environment，RCE）对于高新技术企业创建的重要作用。王缉慈（1999）认为产业集群环境是地方行为主体（大学、企业和地方政府等机构及个人）之间在长期正式或非正式的合作与交流的基础上所形成的相对稳定的系统，并指出产业集群环境需要一定规模和质量的基础设施、良好的金融和创业环境、有效的政府支持、合理优化的产业结构、一定数

① Shane S., "Encouraging university entrepreneurship? The effect of the Bayh – Dole act on university patenting in the United States", *Journal of Business Venturing*, Vol. 19, No. 1, 2004, p. 137.

② Rasmussen E., Borch O. J., "University capabilities in facilitating entrepreneurship: A longitudinal study of spin – off ventures at mid – range universities", *Research Policy*, No. 39, 2010, p. 609.

量和质量的人力资本及完善的市场制度环境来支撑。在此基础上，吴玉鸣（2010）对中国大陆 31 个省域的区域创新环境、大学知识创新能力的空间集群模式及二者之间的空间相关关系进行了统计检验和计量分析，认为区域创新环境对大学知识创新能力具有显著而稳健的正向影响，良好的创新环境有利于学科集群知识创新能力的形成。O'Shea 等（2008）学者认为，对于学科集群知识驱动创建的高新技术企业，资本可得性、区域知识基础、产业结构等区域环境影响要素均显著作用于企业的成长绩效①。

　　按照以上分析，USO 和 CSO 是两种最具代表性的学科集群知识驱动创建的高新技术企业（如图 3-1 所示）。其创建与成长始于大学的某项创新性知识，在母体大学、技术发明人、产业集群环境的影响下，大学所创造的知识存在组织内溢出与组织外溢出两种不同的溢出路径，由此促进了两类不同属性的高新技术企业的创建——大学衍生企业与公司衍生企业。

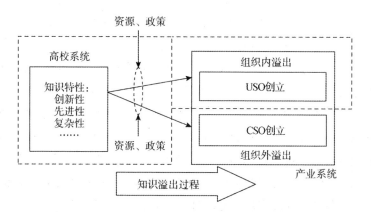

图 3-1　学科集群知识驱动创建的高新技术企业的创建机制

　　如果将大学的创新性知识溢出机制概念化为一种交易，这两种不同创建属性的组织形式（USO 和 CSO）就可以被认为是创新性知识商业化交易的可相互替代的治理机制。作为知识生产组织的大学，应该通过

①　O'Shea R. P., Chugh H., Allen T. J., "Determinants and consequences of university spinoff activity: a conceptual framework", *Journal of Technology Transfer*, Vol. 33, No. 6, 2008, p. 660.

选择正确的组织形式，最大限度地降低交易成本，来增加创业成功的概率。在实践中，并不存在某种最优的成长机制来保证基于知识溢出的科技企业持续成长。正确的"组织形式—创新属性"匹配是一个创新性知识商业化成功的关键驱动程序，能够使大学和产业合作伙伴在商业活动中增加其有效性（Wood，2009）。

二 两类衍生企业

（一）学术环境下的创建模式——大学衍生企业

大学衍生企业是指为大学从商业上开发自身所产生的新知识、技术或研究结果而创建的新企业①，正在成为大学创业行为的主要载体。Steffensen 等（1999）提出了大学衍生企业的两个关键界定标准：（1）企业的创办者是大学的雇员；（2）企业赖以生存的关键技术来自大学②。大学衍生企业作为大学先进知识商业化的一种有效模式，得到了大学、企业、政府等相关利益者的持续关注③。Henning Kroll 和 Ingo Liefner（2007）分析了中国大学衍生企业所处的市场环境，认为中国的国有企业、私人企业、外商投资企业这三种最重要的企业类型对国内产生的知识没有产生强大的需求。目前来看，大学与企业之间的合作关系依然很微弱（Wang，1999；Lai & Shyu，2005），大学和产业部门在机构设置和思维习惯方面存在的巨大差异，导致很难在它们之间建立直接的合作或联合研究中心。因此，最合理的解决方案似乎是大学自行将研究成果商业化，如建立校办科技企业。Kroll 和 Liefner 在 2008 年对中国大学衍生企业进行了更进一步的研究，其结果也为上述观点提供了支持，他们认为在一个产学伙伴之间的信任程度低或知识产权保护不是很有效的国家或地区，衍生企业的形成几乎是新知识商业化的唯一选择④。

---

① Paul B., David C., "University spin – off policies and economic development in less successful regions: learning from two decades of policy practice", *The Journal of technology transfer*, Vol. 30, No. 2, 2005, p. 51.

② Steffensen M., Rogers E. M., Speakman K., "Spin – offs from research centers at a research university", *Journal of Business Venturing*, Vol. 15, No. 2, 2000, pp. 101 – 102.

③ Ndonzuau F. N., Pirnay F., Surlemont B., "A stage model of academic spin – off creation", *Technovation*, Vol. 22, No. 5, 2002, p. 283.

④ Kroll H., Liefner I., "Spin – off enterprises as a means of technology commercialisation in a transforming economy—Evidence from three universities in China", *Technovation*, Vol. 28, No. 2, 2008, pp. 304 – 307.

从企业的创建属性上看，大学衍生企业区别于其他高新技术企业的关键特征在于企业与母体大学的强关联性，不仅企业创建时的核心技术来源于母体大学，而且企业的创建者通常也是大学或大学中的雇员。因此，在创建初期，大学衍生企业极大地依赖于母体大学所能提供的支持要素。但也有学者发现，大学衍生企业活动在欠发达地区（Benneworth & Charles，2005；Degroof & Roberts，2004）或中等水平的大学中（Wright et al.，2008）仍然在进行，尽管存在着一些不利因素，但大多数大学仍然可以通过能力的发展来提高衍生企业创建的成功率。

（二）产业环境下的创建模式——公司衍生企业

在本书中，与大学衍生企业的定义相对应，我们将公司衍生企业界定为：（1）企业赖以生存的关键技术来自大学；（2）企业创办者是产业中的个体。

尽管大学衍生企业可能在技术来源方面具有优势，但在机会识别和资源获取方面却存在明显的缺陷（Ambos et al.，2008）。事实上，大学衍生企业的发展并不顺利，大学知识资源的优越性不明显（Eun et al.，2006），衍生企业的数量也在减少，从2000年的5451家下降到2009年的3643家[1]。相对于其他科技型创业企业而言，大学衍生企业并没有产生明显的竞争优势[2]。这是由于大学的知识溢出是一个学术知识与产业需求相匹配的过程，大学衍生企业尽管能够较为便利地获得来自母体大学的支持，但其学术创建背景使大学衍生企业在商业资源与能力方面存在先天不足，在产业竞争中难以应对由新生性（Newness）所导致的成长劣势（Liability）或弱性（Weakness）及高度的技术和市场不确定性[3]。

因此，由产业环境中的组织或个人创建公司衍生企业，也成为学科集群知识价值实现的一种有效模式。

与USO相比，CSO往往更加独立，对母体大学组织的依赖性更弱，

---

① 数据来源：中国高等学校校办产业统计报告。

② Eun, Jong – Hak, Lee K.，Wu G.，"Explaining the 'University – run enterprises' in China: A theoretical framework for university – industry relationship in developing countries and its application to China", *Research Policy*, No. 35, 2006, pp. 1337 – 1338.

③ 朱秀梅、费宇鹏：《关系特征、资源获取与初创企业绩效关系实证研究》，《南开管理评论》2010年第3期，第129—131页。

但在商业能力方面具有优势。因此，它们能够发展识别创业机会的信心，并利用这种能力获得资源，建立企业，发展领导能力，以维持企业成功创立和存续。Nicolaou 和 Birley（2003）指出大学衍生企业这种高新技术企业的创建形式主要的挑战在于：丰富的资源需求，实现和维护创新者的承诺，缺乏对现有市场的关系和承受高风险的能力。而公司衍生企业的创建模式就能够较好地弥补企业在资源需求、关系网络方面的匮乏。正如 Rasmussen 等（2011）提出的，公司衍生企业具备潜力去不断发展具有异质性的创业团队（例如，大学科学家、产业中的企业家、行业合作伙伴，金融界成员），进而拓宽资源获取渠道和信息交流渠道。

目前，较少有研究关注到这两类基于学科集群知识的创业路径（USO 和 CSO）的相对有效性，仅 Zahra 等（2007），Clarysse 等（2011），Wennberg、Wiklun 和 Wright（2011）比较并检验了这两类企业的绩效差异。Zahra 等（2007）对美国 78 家 USO 和 91 家 CSO 进行了调研，发现 USO 与 CSO 在如何利用各种"知识转换能力"方面存在系统的差异，而这些能力在生产力、收入增长、资产收益率方面对 CSO 的回报程度更高。Clarysse 等（2011）的研究则表明成长最快的 CSO 是那些始于某种特殊的、聚焦在某个狭窄领域的、充分有别于母体大学技术知识库的技术，而且常常是隐性的。而 USO 则受益于广泛的技术转移。但这项研究仅仅在某个时点测度企业的成长绩效，而且是以相对成熟的企业为样本。Wennberg、Wiklun 和 Wright（2011）通过比较 USO 与 CSO 的成长绩效，发现后者的绩效要好于前者，主要原因是后者更多地参与到产业内的合作竞争，较少受到母体大学官僚制度的影响，并能更为高效地利用高校及科研机构的科技成果及人才资源。另外，还有一些研究比较了大学衍生企业与非大学衍生企业的差异，如 Ensley 和 Hmieleski（2005）发现大学衍生企业的管理团队往往由同质的人员组成，并且绩效表现比非大学衍生企业差。

第二节　学科集群知识驱动创建的高新
技术企业的外部成长驱动机制

学科集群知识驱动创建的高新技术企业可以看作在科学与经济两种

不同的领域创新之间引入的一种"新组合"，这一商业化进程必然涉及学术与产业两类不同环境下的利益相关者。从学科集群知识驱动创建的高新技术企业的成长机制来看，学科集群与产业集群环境所提供的激励要素都起到了重要驱动作用。

一　学科集群的驱动机制

大学作为新思想、新产品、新技术创造的活跃群体，其创新优势决定了其知识溢出效应对于高新技术企业创建、成长，乃至高科技企业集群产生的重要作用。首先，大学的学科集群知识溢出满足了企业对于先进技术、前瞻性技术的需求；其次，作为创新性企业的发源地，大学丰富的技术和人才资源是高新技术企业创建及成长的重要技术支持。

学科集群知识驱动创建的高新技术企业由于其核心技术来源于大学，因而与大学存在天然的关联性。大学的学科设置、机构政策和文化（Clarke，1998）都会对这类科技企业的成长过程产生重要影响（Joaquin，2006）。然而，对于大学衍生企业与公司衍生企业这两类不同创建模式的企业而言，尽管其核心技术均来源于大学，但大学在企业成长进程中所起到的作用却存在着很大的差异。

在我国，大学衍生企业通常是"由学校或学校投资的资产公司建立的全资、控股或参股企业"[①]，因此大多数情况下，大学是大学衍生企业的关键启动组织，并在很大程度上参与企业决策，大学所提供的支持要素，很大程度上决定了企业的成长潜力。大学创建衍生企业的能力应该是在大学行政部门、部门管理、研究团体、学生和合作伙伴等多层次组织中，进行自下而上或自上而下的政策引导才能有效（Goldfarb & Henrekson，2002；Rasmussen，2008）。Sampat 和 Nelson（2002）通过对美国大学过去一个世纪的调查发现，在 20 世纪初，大学技术的商业化都是通过非正式的技术溢出，而目前，几乎美国所有研究型大学都有大学技术转移或授权机构来专利化以及市场化发明，这种大学层面的积极的政策引导极大地促进了基于大学知识的创业活动，并由此诞生了大量成功的衍生企业。基于资源基础观，Lockett 和 Wright（2005）评价了英国大学的资源和能力与其衍生企业成长速度的关系。研究结果显

---

① 胡海峰：《孵化、转移、回馈、联盟：大学衍生企业的创新发展路径——以威视股份公司为例》，《中国软科学》2010 年第 7 期。

示：大学衍生企业的创建和大学知识产权保护开支、TTO（技术转移办公室）的商业开发能力以及大学专利费分配方案、对大学发明人的鼓励政策倾斜程度之间存在正相关关系，并提出培养具有广泛商业技能的技术人员有利于大学创建更多的衍生企业。

相较而言，对于公司衍生企业，大学并不直接参与企业经营，而是通常以技术转移等方式将所创造的知识或技术转移给其他企业或个人，较少提供后续的支持和帮助。有学者指出，大学知识外部溢出的一个主要障碍在于知识的生产与商业化由不同属性的组织完成，因而难以实现有效的衔接。大学与知识应用主体的有效合作，将极大地提高大学所创造的知识与市场需求的耦合程度。

技术转移办公室（TTO）在公司衍生企业的创建过程中扮演了重要的角色，作为技术转移的中介，TTO 一方面为具有潜在价值的知识产权提供保护；另一方面也不断寻求赞助者或潜在的合作者，管理并规范合同协议。因此，TTO 的资源、组织、机制等要素对于公司衍生企业的创建与成长起着关键作用。关于 TTO 的研究文献显示，其资源（如时间、资本、有效管理以及确认潜在许可的能力）与专利技术实现其商业价值的速度密切相关（Markman et al.，2005），Markman 等的研究还显示，当大学的技术转移办公室走向专业化时，非合法性活动就减少，进而也会促进高价值的科研成果产生。

许多学者认为，大学与企业保持密切、有效的合作关系有利于减少知识从大学向企业溢出的障碍，因此提高了公司衍生企业的创建效率，并为公司衍生企业的成长提供可持续的支持要素。庞青山、徐科峰（2002）的研究结果证实，与企业的联结程度越高，大学科研成果实现其经济价值的程度也越高[1]。O' Shea（2008）针对 1995—2001 年美国 141 所大学技术转移效率的研究也证实了这一观点，在生命科学、计算机、化学专业中，有针对性的大学实验室与企业合作研究显著提高了技术向企业转移的有效性[2]。Santoro 等（2006）基于知识基础观，对美国东北部 173 家公司的高层管理人员进行随机抽样调查，提出社会联结、

---

① 庞青山、徐科峰：《高校科技成果转化的阻滞因素及对策研究》，《研究与发展管理》2003 年第 3 期。

② O' shea R. P.，Chugh H.，Allen T. J.，"Determinants and consequences of university spinoff activity: a conceptual framework"，*Journal of Technology Transfer*，Vol. 33，No. 4，2008，p. 654.

信任、技术转移和知识产权政策、技术关联性、技术能力是知识从高校向企业溢出的推动器。但也有学者提出了不同观点，认为密切的产学合作并不必然促进基于学科集群知识溢出的科技企业产生。Gulbrandsen和 Smeby（2005）通过对挪威四所最著名大学的 1967 名教授进行问卷调查，发现产业资金参与大学研究使得大学与企业的关联更为紧密，但并未说明由此产生的研究成果与高新技术企业的创立和成长具有正相关关系。

另外，大学的声誉、政策引导、创业氛围等因素也会影响学科集群知识驱动创建的高新技术企业的成长。例如，由科研声望较高的大学或"明星科学家"（star scientists）衍生出的企业可以获得母体大学的一种类似于"认证"的功能，母体大学或学术创业者的声誉在一定程度上成为高新技术企业的重要无形资产，表示达到一定的创新能力或技术水平（Akerlof，1970）。在美国，1980 年贝耶—多尔法案（Bayh - Dole Act）通过以后，几乎所有的大学都建立了技术转移办公室，极大地减少了大学技术成果转化的障碍，美国大学知识溢出所形成的高科技企业也因此得到了迅速发展。

二　技术发明人的驱动机制

学科集群对当地高新技术产业发展的又一显著贡献在于大量相关知识或技术的发明人（一般为大学学者或科研人员），主导或参与到学科知识商业化的过程中，对于知识价值的实现有着积极意义。关于学者发明人的创业角色与作用有一些对应的词语，如学术资本家、学者创业者（企业家）、大学与产业之间的"桥梁"（类似于技术转移办公室的作用）。他们和经济领域的创业者类似，也是一个或一群承担并实施"新组合"任务的人，作为创业者的学者发明人可以从创新中获取丰厚的回报，这种回报的表现方式可能不仅是直接的经济收益，更重要的是自己的科学发现被广泛地开发应用所带来的成就感。但学者的创业行为本身也在打破传统的、惯常的秩序安排，构建一个非平衡发展的动态体系。他们运用创新性的方式对生产要素进行重组、整合的行为，本身就成为企业丰厚的战略资源。

大学学者作为技术的发明人，参与到技术转化过程中，对于高新技术企业的创建甚至某个新行业的产生都可能起到举足轻重的作用。据统计，硅谷60%—70%的企业是斯坦福大学的教师和学生创办的。根据

Jenson 和 Thursby（2001）对美国62所大学的调查数据，发现71%的大学发明需要发明者继续参与以获得成功商业化的机会。杨隽萍、蔡莉（2008）分析了智力资本对中国高新技术企业价值形成的影响机制，指出智力资本是大学科技型衍生企业价值形成的关键要素。Zucker（1998）和 Torero（2001）的研究结果也表明，大学衍生企业的产生在很大程度上来源于"明星科学家"。Radosevich 等学者（2009）进一步指出，如果技术发明人在企业创立的初期阶段为企业发展提供支持，那么企业最初的技术能力就是可靠的[①]。

对于如何提高大学的创新性知识从技术发明人到产业企业的传递机制的有效性，学者提出了不同的观点。Stephen J. Franklin 等（2001）对比分析了学术资本家和外部代理创业者（academic and surrogate entrepreneurs）在大学衍生企业成长过程中的互补作用（Franklin et al.，2001；Radosevich，1995）。两种创业者各具优势：学术资本家理解技术和其潜在的应用能力，代理企业家具有商业经验和资源，因此，要想发展成功的基于新企业创建的大学技术转移，最好的方法莫过于大学学者和代理企业家的结合，这种创业能力的异构特性对于初创的大学衍生企业成长具有极大的推动作用。Braunerhjelm 和 Svensson（2010）提出发明与创新阶段应由不同的主导者完成。他们的研究发现，综合企业家和发明人的能力可能有助于增强客户适应度和减少不确定性，从而扩大市场机会。基于瑞典个人和小企业的专利数据库，Braunerhjelm 等的实证分析表明：当由企业家而不是由发明家来将发明商业化，利润增加了22个百分点。但是，无论何种商业模式，发明人的主动参与都对盈利能力有显著的积极影响。

技术发明人对大学学科集群知识驱动创建的高新技术企业成长的积极效应主要表现在以下几点。

第一，技术发明人参与高新技术企业，有利于企业创造出易于商业化开发的根本性创新。作为技术发明人，他们对于技术开发对企业生存发展的重要作用有充分的认识，大部分是相关高科技领域的专家学者，具有企业所在行业领域的广博知识，有能力提高高新技术企业对核心技

---

① Radosevich R., "A model for entrepreneurial spin – offs from public technology sources", *International Journal of Technology Management*, Vol. 10, No. 7, 2009, p. 882.

术（或核心产品）的革新方向和市场潜力的把握，进而明晰企业的成长方向。

第二，现有的研究表明，技术发明人参与到企业经营中，通常是一种主动选择，并且要面临与大学传统文化的冲突、放弃继续研究的机会成本、创业团队形成等一系列障碍。因此，做出创业决策的大学学者通常既具备丰富的科技知识，也富有战略眼光和商业技能，能够较为准确地制定和实施企业发展战略，并且有能力在学者角色与企业家角色之间维持平衡，在先进性技术与市场化需求之间进行有效的衔接。

第三，技术发明人往往更尊重人力资本的价值。一般认为，高科技产业中，智力资本为首要资源，高科技产品中的附加价值，绝大部分是由智力资本转化而来的。参与企业经营的技术发明人不但由于其学者身份能够接触到大量的高素质人才，而且其教学和科研经历也使他们更为重视人力资本的培育与开发，更愿意为员工培训投入大量资金，为企业的持续创新提供充分的条件。

第四，技术发明人参与创业活动的另外一大特点在于他们跨越了大学与市场两种不同的环境，因此在其创业过程中会接触到更多的利益相关者，可以更为便利地开发并整合必要的内部和外部资源，培育新的企业能力。学者发明人能与各类利益相关者进行积极的互动，包括外部资源供应商、母体大学组织的团队、大学的技术转让办公室（TTO）、公众的支持计划、产业企业等。

三　产业集群环境的驱动机制

产业集群环境指产业集群所在的区域环境，由政府、中介机构、金融机构、产业合作者等主体构成。政府作为制度创新和政策的供给者，对学科集群与高新技术产业集群的协同发展具有重要的推动作用。相应的政策刺激以及中介机构的参与，强化了大学与产业企业的信息沟通，因此增强了企业对环境的适应性和应变能力；政府创业基金以及成熟的金融市场，都有利于拓展高新技术企业的融资渠道，帮助企业克服创业初期资金不足的困难，直接影响到企业的增值过程。

企业所处的产业集群环境是影响企业行为和特征的外部系统。历史上，学科集群知识驱动创建的高新技术企业，乃至衍生为高科技产业集群，主要是在某些特定的区域取得成功，如美国波士顿的"128公路"（Route128）、加州的"硅谷"（Silicon Valley）、英国的剑桥郡等。许多学者注意到了这些地区创业活动的活跃性以及对经济发展的巨大贡献，却无法将其复制成功。正如一些研究所指出的，基于大学知识创建高新技术企业很可能是一个历史上高衍生企业成功率的结果（Shane，2004），或是源于良好的区域条件（Roberts & Malone，1996）。企业行为由于受到外部环境条件的约束，因此其成长能力及由此所带来的成长绩效深受其所处地区的市场发达程度、资金可得性、传统文化、地区开放性、政策导向等因素的影响[1]。概括起来，可以从经济环境、产业环境、社会环境三个方面来描述企业所处的产业集群环境特征。

第一，经济环境指该产业集群所在区域的经济发达程度，包括经济发展水平、市场成熟度、资金可得性等，区域经济环境直接决定了企业获取创业资源的渠道和难度。正如 Liu 和 White（2001b）所指出的，对于像中国这样处于转轨阶段的发展中国家而言，由于国家内部区域、行业之间存在的差异，企业创新能力和绩效的差异性在不同地区之间表现得非常显著（Acs et al.，2002；Fritsch，2012；Liu & White，2001a）。Nakagawa 等（2009）指出了经济范式与技术溢出有效模式之间的匹配关系，通过对 2000 年以后日本复合半导体材料产业的发展研究进程的考察，Nakagawa 等发现经济范式转变与技术溢出方式之间的关系是动态的，在日本，随着经济范式的转变，技术溢出的结构也在变化，这种变化扩大了溢出边界：从单边到双边，从技术内部到跨技术，从企业内部到行业间[2]。

第二，产业环境，即产业结构特征决定了该地区在整个产业层次上创新持续活跃的效率，进而也制约了该地区高科技产业的成长状况。一方面，高科技产业强大的科技创新需求使得其发展依赖于相关产业乃至当地科研机构的配套创新能力；另一方面，高科技产业又对相关产业具有较强的技术辐射与渗透能力。两方面的特征决定了高科技产业的发展与当地产业结构存在着重要关联。高科技产业不但可以通过持续的技术创新来拓展自身的成长空间，也需要依赖其强大的关联效应，通过与所

---

[1] Sternberg R., "Success factors of university – spin – offs: Regional government support programs versus regional environment", *Technovation*, No. 34, 2014, p. 140.

[2] Nakagawa M., Watanabe C., Griffy – Brownc C., "Changes in the technology spillover structure due to economic paradigm shifts: A driver of the economic revival in Japan's material industry beyond the year 2000", *Technovation*, No. 29, 2009, p. 13.

在区域相关产业的配合与互动，将高科技注入相关产业，进而提升高科技产业的整体素质和竞争力，并进一步实现区域产业结构的升级。

第三，社会环境的内涵十分丰富，它包括产业集群所在区域的社会、文化、政治、制度因素。硅谷高科技产业的成功经验表明，从知识溢出到高科技产业发展的有效传导机制离不开良好的社会文化环境。有学者提出，"斯坦福"与"硅谷"之所以能取得难以复制的成功，正是因为当地独特的区域环境推动了技术创新优势和制度创新优势的有效结合，加速了先进技术的产业化进程，并由此引发了新经济的诞生（D'Este et al.，2012）。Lee 和 Peterson（2005）对区域文化模式与创业倾向的关联程度进行研究后认为，鼓励创新、宽容失败等文化模式会造就强势的创业倾向，最终促进产业升级和国家经济的发展。

我国的产业集群环境具有明显的不均衡性，因此，学科集群知识驱动创建的高新技术产业也呈现出明显的空间集群现象，在数量分布与收入上表现出显著的区域差别①。并且，学科集群对于高新技术企业成长的促进机制也基于地域经济发展模式存在较大的差异，即使在高科技产业同样较为发达的北京与深圳地区，高新技术企业的成长轨迹也存在明显的区域特征。在北京，大学与科研机构为许多重要的高新技术企业提供核心技术（seeds），并主导一些企业的经营方式与成长路径，由此诞生了一批富于竞争力的大学衍生企业，如清华同方、北大方正等。而在深圳，尽管当地政府在过去的二十年有意识地建立高校与产业的合作关系，也成功地使得大学创造的有价值的技术向产业转移，但迄今为止并没有形成具有影响力的衍生企业（Chen，2007）。

四　产业伙伴的驱动机制

依托于学科集群优势形成的高新技术企业作为高科技产业内的竞争性组织，通常面临着高度创新与不确定性的外部环境，难以独立地完成生产经营的所有活动②，产业内相关企业的联结模式为这类企业的有效成长提供了合意的条件。Granovetter 在 1982 年就提出企业的经济行为"嵌入于社会结构"的属性。随着研究的深入，越来越多的学者将企业

---

①　张云逸、曾刚：《基于三螺旋模型的高校衍生企业形成机制研究——以上海高校衍生企业为例》，《科技管理研究》2009 年第 8 期。

②　吴冰、王重鸣、唐宁玉：《高科技产业创业网络、绩效与环境研究：国家级软件园的分析》，《南开管理评论》2009 年第 3 期。

同其他商业行动者保持密切的关系视为一种至关重要的战略资源（Granovetter，1985；Dyer & Chu，2000；Andersson et al.，2002；Gilmore et al.，2006）。总体而言，学者们指出企业构建并维持与其他企业间的关系对于企业成长绩效有着以下三方面的促进作用：其一，低成本、高效率地获取信息资源；其二，建立稳定的资源供应渠道和市场渠道，通过与供应商、分销商等建立长期的合作关系来实现稳定的资源供给，以及快速的市场进入；其三，通过与其他企业合作形成资源、能力的互补，例如，通过与某技术供应商合作以开发新的产品①，尤其对于技术含量高、资源相对匮乏的高新技术企业而言，建立并维持与外部机构的关系网对于企业创新能力、应变能力、资源开发能力都具有重要作用。

Uzzi（1997）指出，嵌入产业网络会实现集群资源重新分配的帕累托改进。企业间网络中心的关键位置给企业带来了"寻租"能力，使企业扩充了收益，或增加了企业发展所必需的有价值的资源（Talmud et al.，1999）。Jack 和 Anderson（2002）指出，与其他企业伙伴建立起合作关系进而嵌入产业网络结构中，能够创造更多的发展机遇，为企业提供资源积累，并改善企业的绩效。Jack 和 Anderson 特别强调，无论对于高科技企业还是其他类型的企业，通过与上下游企业的链接（Linkage）都能够获得资源的累积，帮助企业提升产品和业务的水平，甚至能够对企业所在市场整体绩效产生影响。Echols 和 Tsai（2005）、Conceicao 等（2017）认为企业的战略决策或行动不可能不考虑与产业内其他企业的合作状态，嵌入企业间的合作网络中可以获取有利于决策的信息和资源流。李邃、江可申（2011）检验了高新技术企业科技能力与产业结构优化之间的关系，研究发现，高科技产业科技能力与产业结构优化升级具有较强的正相关关系，并且高科技产业科技能力每提高1%，产业结构优化程度将提高 0.783%。高科技产业科技能力的三个构成要素，即科技创新资源投入及研发能力、科技创新转化和波及能力、科技创新经济支撑能力都与产业结构优化升级有着正相关关系，产业结构的优化升级是各种能力共同提升的结果②。

---

① 刘衡、李垣、李西垚等：《关系资本、组织间沟通和创新绩效的关系研究》，《科学学研究》2010 年第 12 期。

② 李邃、江可申：《高技术产业科技能力与产业结构优化升级》，《科研管理》2011 年第 2 期。

学科集群知识驱动创建的高新技术企业具有典型的科技型创业企业特征，如高风险性、高创新性、高成长性。一般认为，这类企业能够获得来自大学的技术支持，并基于其特殊的创建背景，或许能够较为便利地获取智力资本、科技资本等技术方面的资源，因而在技术创新方面具有优势（Soetanto & Geenhuizen，2015）。然而，这类企业却比较缺乏诸如资金、社会资本等其他资源的支持。因此，与产业合作伙伴建立起良性的合作关系，嵌入产业网络并获取产业资源的支持是基于知识溢出的高新技术企业获得持续竞争优势的重要途径。企业可以从与产业伙伴构建的合作关系中直接获得非常重要的生存资源，增强对不确定性的控制能力。Grabher（1998）认为，企业与产业伙伴间松散的联结为企业学习和创新提供了合意的条件。Gilmore 等（2006）的研究证实了企业构建外部合作网络有利于企业的成长，并能够做出快速、灵活的决策。Arranz 和 Arroyabe（2008）通过对西班牙科技型创业企业的实证分析发现，企业间的纵向或横向协同合作能够帮助企业同供应商、客户一起克服市场和技术的风险。

另外，不同治理模式的高新技术企业与产业伙伴构筑合作关系的方式与效果也存在差异，即参与产业价值链或价值网络的模式不同。夏清华、李雯（2012、2016）以全国"211 工程"大学的衍生企业为研究样本，检验了不同治理结构的大学衍生企业对区域环境要素和产业环境要素的吸收与利用能力，以及对企业战略导向及成长绩效的影响。研究发现，由母体大学主导的衍生企业（母体大学拥有控制权）能够较为便利地利用母体大学的各种资源，因此其绩效表现基本上取决于母体大学的支持情况，这种强依赖性严重阻碍了企业对于其他渠道支持要素的吸收能力。而另一类拥有自主决策权的大学衍生企业（母体大学无控制权），更能有效利用当地的区域资源。值得关注的是，以上两类大学衍生企业都未能有效融入所在行业的产业链，难以从产业伙伴中得到有力支持。

第三节　学科集群知识驱动创建的高新技术企业的内部功能系统

依托于学科集群优势创建并发展高新技术企业是从一个学术领域的

创新理念演化为一个竞争性的产业组织。在这一创业过程中，由于大学知识本身固有的复杂性导致如何最好地将其开发为一种商业概念（Bhave，1994）并获取必要的资源（Baker & Nelson，2005）做出有效的决策（Sarasvathy，2001）存在很强的不确定性。因此，学科集群知识驱动创建的高新技术企业需要具备广泛的不同的能力，才能够从一个想法演变为创造价值的企业。对于大多数新生企业，这些能力并不是现成的，必须在其成长的早期阶段通过企业自身开发或多渠道资源整合的方式获取。

Holger Patzelt（2009）提出，能被企业吸收与利用的支持要素才是有效的，因此，单纯强调从外部对基于学科集群知识所创建的高新技术企业提供支持难以取得好的效果。Escribano 等（2009）从企业吸收能力调节外部资源流收益的角度进行研究，结果发现，拥有更高吸收能力的企业能从外部资源中获得更大的利益；类似的研究还有 Lee 等（2001），Gao 等（2008），Van Wijk 等（2008）。

企业自身的内部功能系统，即企业吸收、整合各种成长性资源并进行再创新的内部能力系统是企业成长的内部动力源。企业成长的内部功能系统，是指企业在动态环境下持续成长的潜力与能量，是企业演进过程中动态积累的知识和技能，它决定了企业成长的可能阈。在动态环境下，企业调整并增强核心能力，顺应环境的变化而动态演化，形成动态能力，从而获得连续逻辑时间的成长优势，实现持续成长。正如钱德勒（1999）所指出的，企业能力是企业内部组织起来的物质设备和技能的结合体，包括设备和在生产、销售、管理等多个活动环节中的技能，这些物质设备和技能是企业成长的内生动力。

学科集群知识驱动创建的高新技术企业同样面临着资源约束的困境，并且其自身"新"和"小"的弱势导致它们在高度动态的环境中难以生存及快速成长。有学者指出，创业企业与成熟企业相比处于劣势地位的一个关键原因就是它们缺乏正式的结构，因而构建高效的内部功能系统对于高新技术企业而言更为重要。Gartner（1988）认为，在企业生成的早期阶段，创业者必须通过整合资源并创造更加正式化的组织结构来概念化和商业化创业机会。Beckman 等（2008）对硅谷高新技术企业的研究也显示，企业创立初期的职能结构不仅决定了后期阶段职能结构的深度和幅度，而且决定了后期的管理风格与人才构成模式。

一般而言，在快速变化、激烈竞争的环境中，有效的企业功能系统必须同时实现可靠性和灵活性，即在保持效率的同时也应该提高企业的学习能力以适应环境的动态性。已有的研究也支持这一观点，如 Sutcliffe 等（1999）认为，企业的流程（process）必须能够将企业的经营过程标准化以确保产出的可靠性，同时也使企业对新事物具有开放、灵活的态度。Rasmussen 等（2015）认为企业组织的内部结构必须对组织的稳定做出贡献，同时还应当有助于增加组织的创新性。文东华、潘飞（2009）构建了不确定性环境下企业的二元管理系统，提出了"控制"与"探索"两项基本功能，并指出，尽管控制与探索的目标存在明显差别（前者追求可靠性与效率，后者追求灵活和创新性），但在复杂多变的环境中，"控制"和"探索"两项基本功能是相互协同、相互促进的，以提高彼此的有效性。企业需要在用于处理已知领域的清晰严格的控制和用于处理未知领域的自发性（spontaneity）特质之间保持一种创造性的平衡（Stacey，1992）。

一　创新功能系统

对于学科集群知识驱动创建的高新技术企业而言，创新功能是企业的独特竞争优势，也是企业成长的根本性动力源，引导企业其他功能的整合与协调。由于学科集群知识驱动创建的高新技术企业的创建机会往往来源于大学所创造的某项技术或知识，这类企业的创建与成长机制通常是创新驱动的，能够以较低成本较为便利地从母体大学、研发实验室、技术发明人等处获得技术或智力资本支持是这类企业的独特资源，也是企业成长初期最重要的核心竞争力。技术创新能力早已被视为高新技术企业的有效性及成长潜力的重要指标（Pilar Jerez‐Gomez et al.，2005）。而技术创新能力不仅包括创新性的技术的获取和开发，而且包括抓住市场潜在的盈利机会，重构组织生产条件和要素，建立高效的管理监督系统等环节，从而将创新性的技术转化为新的生产工艺、新的产品或服务，最终开辟新的市场、为企业创造新的价值，它是"包括科技、组织、商业和金融等一系列活动的综合过程"[①]。

对于 USO 而言，一般由母体大学或核心技术的发明人主导企业发展，在技术资源获取方面有着不可比拟的优势，USO 不但能够以较低成

---

① 傅家骥：《技术创新学》，清华大学出版社 1998 年版，第 122 页。

本较为便利地获得技术支持与相关的人力资本，而且 USO 核心技术的发明人往往是某领域的专家学者，他们的参与使得企业对所处行业关键技术未来的发展方向有着准确的认识，进而能够以清晰的战略目标应对环境变化。相比而言，CSO 尽管核心技术来源于大学，但由于企业在经营过程中完全独立于母体大学，可能面临着对知识或技术的理解与应用困难。这是因为 CSO 的成功创建很大程度上依赖于知识从大学向企业的有效转移，从知识特性的角度看，成功的知识转移要求知识的编码化、突破性和关联度等特性与交流渠道相匹配（刁丽琳、朱桂龙、许治，2011）。对于编码化程度高的显性知识，出版物、专利等方式是合适的交流渠道（Cohendet et al.，2002），而不易编码的隐性知识则更多是依靠直接的交流方式来传递（何郁冰、张迎春，2017），如合作研发项目、非正式接触和人员流动等。而突破性创新知识对应用者的知识要求很高，通常必须通过 USO 和高素质人员的流动来转移（Zucker et al.，2002）。而大学所创造的知识或技术大部分是不易编码的隐性知识，且以高创新性、高复杂性的原创知识为主，具有理论上的先进性，而在与市场需求的耦合程度上较为欠缺，所以，CSO 若不能获得大学中技术研发人员的支持，在完全理解和应用知识方面就会存在一定的障碍。

　　然而，无论是 USO 还是 CSO，它们从学术环境中所获得的知识或技术往往仅具有技术上的先进性，而并不能自发地转化为可以创造市场价值的产品和服务。也就是说，来自学术环境的技术支持并不等同于企业的创新优势，基于大学学科集群知识创建的高新技术企业必须不断培育和提高学习能力，建立明确的目标和方向，实现企业内外知识的交换和共享，并根据市场需求实施有效的技术创新，在正确的价值导向、良好的组织氛围及有效管理的共同推动下，最终将从外部获得的技术优势转化为具有市场价值的产品或服务，才能实现企业自身创新能力的提升，进而转化为高水平的成长绩效。

　　二　组织功能系统

　　作为一类特殊的技术型新创企业，学科集群知识驱动创建的高新技术企业必须构建起高效、合理的组织功能系统，通过具有企业特色的管理经验、组织惯例、工作流程等，使知识和信息在企业的各种活动中能够更容易地获取、更迅速地传递和更有效地应用。学科集群知识驱动创建的两类衍生企业——USO 和 CSO 在组织功能的构建与运行上存在着较大的差异：CSO 从企业创建伊始就完全在产业环境中成长，在治理结构、产权关系上往往较为清晰，与一般的产业企业并没有太大的差异；而 USO 大部分是由母体大学或大学中雇员创办并主导企业发展，这使得 USO 可能面临产权关系不清、治理结构不明、战略目标不一致的问题。Ambos 等（2008），Chen 等（2014）指出，USO 成长初期所面临的最大问题是如何处理好与母体大学的利益关系，区分学术与商业活动的差异性，并发展出不同于以往学术思维的成长路径。

学科集群知识驱动创建的高新技术企业的创新功能系统具有先导性，其有效性直接影响了企业组织功能的运作方式及运作效果。Sirmon、Hitt 和 Ireland（2007）的研究表明，当新创企业所处环境的不确定性较高，资源供给较为缺乏时，创造性的资源整合方式能够为企业形成竞争优势，并为顾客创造价值。张玉利（2008）也指出，新企业刚刚创建时，自身实力弱、缺乏经营业绩、成长的不确定性等多方面因素使得企业面临资源匮乏的问题，只有采用创新的方式整合资源、规划业务流程，才有可能成功。Prieto 和 Revilla（2006）通过对西班牙 111 家高新技术企业的实证研究，发现企业创新能力的提升对企业的财务绩效与非财务绩效都有积极的影响。也有研究指出了高新技术企业创新功能系统对于组织功能系统的积极作用，如彭说龙、谢洪明、陈春辉（2005）的研究结果表明，企业通过创造性的学习获得较高水平的创新能力，实现程序和系统上的创新与升级，进而影响了企业的绩效。

合理高效的组织功能系统不但是企业得以存续的根本保证，也为企业创新功能的实现提供支持。第一，企业清晰的战略目标以及合理的治理结构有利于高效率地对资源束进行优化整合和配置，增加模仿和替代该资源束的难度，从而构筑竞争优势（Sirmon & Hitt，2003），为企业的创新功能提供有力保障。这里所指的资源束是指企业在一段较长的时间内所拥有的全部有形资源和无形资源（Lichtenstein & Brush，2001）。第二，组织强有力的凝聚力与促进创新的文化能够形成一种具有创新能力和冒险倾向的内部环境，这种鼓励创新的氛围有利于企业创新行为的实施，并产生新的能力。第三，从知识传递的效应来看，知识在企业内部的传导过程将会诱发新知识的产生，进而引导创新性行为的出现。在这一过程中，高效的信息系统（McGill & Slocum，1993）能够对创新行为进行强化，并形成"组织记忆"（Huber，1991；白景坤、王健，2016），通过不断地开发和利用这些新知识，能够保证企业持续的创新能力。

三　内部功能系统的匹配功能

尤其需要指出，企业是一个与外界有着能量流、信息流和物质交换的开放系统，是一个能对环境做出能动反应，主动适应环境，重新改造、调整自己的行为以便更好地适应环境的系统[1]。因此，处于高度动态的环境中，内部功能系统的柔性已经成为现代高新技术企业的一个重要特征。企业任何内部功能系统的合理性都与特定的外部环境紧密联系，并不存在永远适用的功能系统。暂时合理的功能系统运作模式会随着时间推移、外部环境变化、企业战略调整等因素而变得不再适合（饶扬德，2006）。为保持可持续的竞争力，企业必须在运行的环境变化时找到重构组织的方法，这就需要企业持续关注组织内外不同影响因素间的平衡关系，包括外部环境中的技术变革、竞争者动态、利益相关者与企业内部的治理结构、战略模式、企业文化等多种要素的协调关系。

依托于大学学科集群知识创建的高新技术企业，比一般的高新技术企业面临更加复杂的外部环境系统。这类企业特殊的创建背景使其创建与成长过程受到学术环境与产业环境下的要素制约。母体大学、技术发明人、当地区域环境、产业利益相关者的态度与行为都会对企业的行为与绩效产生影响，使得企业具有比一般新创企业更为多样化的资源获取渠道（Adams et al.，2016）。但是，这种复杂的外部环境也会给企业成长带来一定的负面效应。一方面，学术环境与产业环境中的相关组织或个体在目标与价值取向上往往存在着不一致的现象，因此，来自学术环境与产业环境的支持要素可能面临着衔接与整合的困难（夏清华、李雯，2012）；另一方面，与母体大学的复杂联系也可能成为高新技术企业的成长障碍，尤其对于母体大学主导的大学衍生企业而言，在其成长初期最关键的功能可能是一种能够分离学术和商业活动的重要机制（Ambos et al.，2008），从而培育商业竞争力。

因此，学科集群知识驱动创建的高新技术企业的内部功能系统的关

---

① 沈正宁、林嵩：《基于权变理论的组织结构设计研究》，《生产力研究》2008 年第 4 期。

键作用就是在企业成长目标与环境要素之间实现一种匹配与调试机制。调试的重点在于通过内部功能系统，包括创新系统、组织惯例、生产流程等子系统功能的提升来增强获取与整合外部资源的能力，实现价值的创造，进而实现企业成长。由于企业的成长往往受资源束而非单个资源的影响，企业资源获取、资源整合、资源利用过程就成为企业最重要的成长活动（Sirmon & Hitt, 2003），企业对资源束进行整合所产生的价值往往大于单个资源创造价值的总和。Haiyang Li（2001）所构建的新创企业成长模型肯定了这种调试机制：就提高企业成长绩效而言，如果环境为企业成长提供了重要的机会，那么企业通过内部功能系统来开发环境所提供的机会，就能提高企业绩效；反之，如果环境并不利于企业发展，那么企业内部功能系统的作用在于降低不确定性并削弱环境的不利影响。Sirmon、Hitt 和 Ireland（2007）指出，企业内部功能系统的主要职能在于通过资源整合提升能力，即企业获取各类资源后，将其进行整合并形成企业能力。在这一过程中，企业采取具体的行为（例如，营销、研发等）为顾客创造价值（蔡莉、尹苗苗，2009）并实现增长。

第四节　学科集群知识驱动创建的
高新技术企业的成长机制

根据以上分析，学科集群知识创建的高新技术企业的外生环境通过促进内生各要素子系统的变化和矛盾运动而推动企业成长，同时企业内部功能系统的成长也对外部环境产生作用，促进外部环境的优化。学科集群知识驱动创建的高新技术企业作为一种特殊的新创企业，也受到创业企业基本特征的约束，即资源匮乏问题（Baker & Nelson，2005），同时由于其治理结构、创建形式的特殊性，往往涉及复杂的资源交换机制与支持网络。因此，如何吸收与整合来自不同环境下的支持要素，帮助企业克服成长初期的资源约束问题，对于企业的生存与成长非常关键。

一　成长机制模型

现有的研究大部分聚焦于学科集群知识创建的高新技术企业的学术创建背景，强调从外部提供支持要素来弥补企业商业资源匮乏的问题，认为国家的衍生政策刺激（Philippe Mustar，2007）、母体大学的资源条件、路径引导（Shane & Stuart，2002；Einar Rasmussen et al.，2010）、对学术创业的奖励制度（Debackere & Veugelers，2005）、大学的科技实力、专业布局特点、所在区域的创业氛围与文化（Siegel，2013）等都会对以大学为基础的科技企业的成长绩效产生影响，并提出相应的扶持政策，如鼓励产业资金进入大学研究，建立专门的技术转移部门，完善科技园、孵化器等基础设施。但是，高新技术企业作为一个竞争性的产业组织，其能动地整合资源、构建竞争优势的途径并不清晰。对于学科集群知识驱动创建的高新技术企业而言，不同利益相关者所提供的支持要素并非单独地、线性地对企业产生影响，而是相互作用形成了一个支持网络。各支持主体提供的支持要素对这类高新技术企业究竟如何产生影响？不同支持要素之间能否形成有效的配合？这些问题在现有文献中仍缺乏可信的结论。

基于以上分析，本书将学科集群知识驱动创建的高新技术企业的成长过程视为企业外部环境驱动系统与内部功能系统之间的互动与耦合过程，认为企业必须以动态功能系统调适动态环境，即把提高企业自身能力与适应外部环境二者结合起来，才能获得持续的成长能力。

图 3-2 归纳出学科集群知识驱动创建的高新技术企业的成长机制。企业的创建始于大学所创造的新知识，因而其创建与成长过程就是将创新机会转化为创业机会，并创造经济价值的过程。本书强调在这类企业的成长过程中，外生驱动机制与内生驱动机制的耦合效应。换句话说，在外部环境系统中，学术环境中的母体大学与技术发明人、产业环境中的产业伙伴，以及产业集群所在的区域环境共同构成了学科集群知识驱动创建的高新技术企业成长的外生驱动机制，为企业提供成长性资源。这些驱动主体所提供的支持要素的有效性依赖于企业内生成长机制的调和与整合机制，即依赖于企业内部的创新功能与组织功能。

二　成长机制的特征

以学科集群知识为机会来源的高新技术企业通常具有特殊的创建与成长模式，在企业成长过程中涉及学术环境与产业环境两种完全不同价值取向环境下的组织或个体，因此形成了比一般产业企业更为复杂的利益关系和多重使命，这类高新技术企业的成长机制具备如下特征。

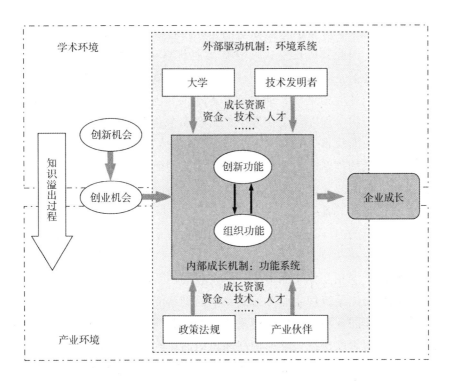

图 3 - 2　学科集群知识驱动创建的高新技术企业成长机制

第一，不同价值取向的支持主体所提供的支持要素在属性与目标上存在根本差异，面临着整合的困难。以创新驱动为使命的支持要素与以价值驱动为使命的支持要素可能存在难以有效契合的问题，甚至出现冲突。例如，企业与产业伙伴构建合作网络，是以风险共担、价值共享为基础的，目的是实现企业竞争力的提升与共享。而技术发明人参与到企业经营中，却往往是创新驱动而非价值驱动，技术优势和教师身份使他们参与企业的目的是科研成果转化而非商业价值，这种意愿导致他们更关注技术的应用能力，却忽略了技术潜在的市场价值以及可能的商业发展模式。

本书试图为更好地理解学科集群知识驱动创建的高新技术企业在成长过程中支持要素的作用方式及其成长机制做出一定贡献。我们尝试将学术环境下的支持主体——母体大学、学者发明人与产业环境下的支持主体纳入一个整合的分析框架中，深入探索学科集群知识驱动创建的高新技术企业如何利用与整合不同来源的支持要素。

第二，由于学科集群知识驱动创建的高新技术企业始于大学的某项创新性知识，因此其成长模式一般遵循创新驱动的创业企业成长模式。也就是说，这类企业可以看作存在于开放性环境中的一个经济系统，在复杂、动态的环境背景下，通过对"创新"机会的不断追求来调整组织的资产、结构、程序和文化等要素，实现企业内部功能系统运行效率的提高。正如熊彼特（1934）提出的"创造性毁灭"，对于此类企业，能否获得持续的创新能力并构建起有效的治理模式是企业成长的关键。

由此，企业的成长机制可表述为"外部驱动机制（环境系统）→内部成长机制（功能系统）→动态成长"，它反映了企业持续成长的逻辑。企业成长的内部功能系统由企业的能力体系构成，对于学科集群知识驱动创建的高新技术企业而言，企业成长的内部功能系统可以看作由两种子功能系统相互作用而形成，即企业的创新功能系统和组织功能系统：①创新功能系统使企业保持高水平的创新能力，以高度的灵活性应对复杂、新颖的环境。创新功能系统对企业其他功能系统的提升起到引导作用，如何深度挖掘大学原创性知识的商业价值并在此基础上实现技术的再创新，是企业成长的决定性因素。②组织功能系统包括战略模式、治理结构、文化凝聚力、销售渠道等方面，直接影响着企业成长的进程和组织能力的形成与发展。组织功能系统对企业的创新功能系统起到支持作用，是企业内部功能系统中不可缺少的重要组成部分。学科集群知识驱动创建的高新技术企业一般在技术创新方面存在优势，在组织管理方面却相对较弱，因此，高效的组织功能系统是企业合法化和得以存续的基础，也为企业持续创新提供了有力支撑。

第三，基于大学知识内外部不同的溢出路径，存在着 USO 与 CSO 两种不同的企业创建模式。这两类不同创建属性的企业在各类主体所组成的相互关系中运转，在企业与环境系统之间以及在各分系统之间都应具有一致性。只有根据企业自身的资源状况和环境特征不断地进行整合与调试，才能优化企业内部的功能配置，形成可持续的核心竞争力，使企业获得长期的成长能力（林嵩、张帏等，2005），并表现出优异的成长绩效。这种外部环境驱动系统与内部功能系统耦合效用的最大化，并非简单的资源配置，而必须通过创造性的整合规划形成企业独特的运作模式才能实现。

第五节　本章小结

在理论文献分析的基础上，本章提出了学科集群知识驱动创建的高新技术企业的创建与成长机制理论模型。首先依照学科集群知识溢出所形成的两种不同创业途径，分析并提出两种不同模式的衍生企业创建机制——USO 与 CSO；在此基础上构建了知识特性、技术发明人、母体大学、产业集群环境对企业创建模式的影响机理模型；接下来，对企业的成长驱动因素进行了详细分析，包括母体大学、技术发明人、产业伙伴、区域环境等支持主体所构成的外生成长驱动系统，企业创新功能与组织功能所构成的内生成长驱动系统；最后，提出了学科集群知识驱动创建的高新技术企业成长机制理论模型，强调内生与外生成长机制的耦合效应，并对其特征进行了总结。

第四章　湖北省学科集群驱动高新技术企业集群化成长的研究设计

科学的结论依赖于规范的研究设计，本章详细介绍了本书的设计方案与实施流程。首先，在第三章理论模型的基础上进一步提炼与总结，提出本书的研究假设；其次，阐释学科集群知识驱动创建的高新技术企业的创建机制与成长机制模型中的变量选择与测度；最后，对分析方法与逻辑进行详细的介绍，目的在于保证实证分析的有效性。

第一节　研究假设

第二章与第三章的理论分析结果表明，学科集群知识驱动创建的高新技术企业是一类以大学所创造的知识溢出为创建机会，以创新驱动的高新技术企业，其创建与成长进程跨越了学术与产业两种不同价值取向的环境，因此涉及比一般产业企业更为复杂的机制。本书首先在前文分析的基础上提出创建机制模型，然后在充分考虑外部环境驱动系统与内部功能系统耦合性的基础上，提出这类企业特殊的成长机制模型，并基于以上理论模型提出本书的研究假设。

一　学科集群知识驱动创建的高新技术企业创建机制

根据第三章的理论分析，学科集群知识驱动创建的高新技术企业的创建存在两种形式，即两种不同的基于学科集群知识的创建路径：一种是知识的组织内溢出驱动的大学衍生企业（USO）创建；另一种是学科集群知识的组织外溢出驱动的公司衍生企业（CSO）创建。

我们将以上两种不同创建属性的衍生企业看作学科集群知识驱动创建的高新技术企业的创建模式。这类企业的创建机会来源于大学所创造的创新性知识，在企业创建过程中，技术发明人、母体大学、产业集群环境均制约着企业的创建模式，最终导致企业以不同创建属性的组织形式创建。下面，我们在现有研究的基础上进一步提炼出企业创建过程中的影响因素及其作用方式，即知识特性、技术发明人、母体大学、产业集群环境如何影响企业是以"大学衍生企业"还是"公司衍生企业"的形式创建，并由此提出本书的研究假设。

（一）知识创新驱动的企业创建机制

学科集群知识本身的特性在很大程度上决定了大学知识的溢出途径：第一，大学出于知识产权保护的考虑，更倾向于将具有原创性与先进性的知识自行商业化。第二，高创新性的技术，尤其是其中蕴含的某些关键隐性知识不容易被编码，难以进行清晰的表述，因此很难以专利、设计图纸、关键设备等形式向非发明组织溢出[1]，从而限制了新知识或新技术的有效传递和接收（田莉、薛红志，2009）。隐含性知识的价值对外来者而言经常是模糊的，这种信息不对称增大了不确定性，提高了知识向非发明人转移的交易成本（Stephan & Viktor，2014）。第三，知识转化为终端产品或服务的复杂性也决定了该知识的溢出模式，复杂性越高，该知识在转化过程中所需要的技能或能力就越多，投入的成本就越大，对转化主体自身的知识储备要求也越高，风险性也越大。由此，我们认为，知识本身的特性——先进性、隐含性、复杂性——会对企业的创建模式产生影响，一般而言，高先进性、高隐含性、高复杂性的知识更倾向于以大学组织内溢出的途径实现其经济价值，即创建大学衍生企业。

假设 H1：知识特性影响了学科集群知识驱动创建的高新技术企业的创建模式。

假设 H1a：知识先进性影响了学科集群知识驱动创建的高新技术企业的创建模式。

假设 H1b：知识隐含性影响了学科集群知识驱动创建的高新技术企业的创建模式。

假设 H1c：知识复杂性影响了学科集群知识驱动创建的高新技术企业的创建模式。

---

① 周一杰、王柏轩：《大学衍生企业与母体的互动发展模型探析》，《技术经济》2009 年第 5 期。

（二）技术发明人对企业创建机制的影响机理

技术发明人作为知识的发明者，其个体特征会影响他们参与商业活动的方式，并进一步影响基于学科集群知识的企业创建模式。典型的个体特征包括技术发明人的学术基础和创业倾向。

学术基础主要是指技术发明人的学术地位和学术成就。根据D'Este和Patel（2007）的研究，学术地位较高的研究人员有更多的机会利用他们的声望和社会资源获得创办企业的各种资源，来提高知识成功商业化的概率，因此具有直接创办企业的激励。而较年轻的技术人员必须借助产业合作伙伴的力量，才能完成科研成果的价值实现进程。Waverly Ding和Emily Choi（2011）以美国大学6138名生命学科科学家的职业背景、商业化活动为样本，进行Cox回归分析，却提出了不同的观点，他们发现，大学的科学家在推行知识商业化的过程中具有不同的路径偏好：在科学家职业生涯早期，他们更倾向于利用自己的科研成果创办企业，直接参与甚至主导知识溢出的进程；而在职业生涯中期或晚期，科学家放弃学术研究的机会成本太大，他们更倾向于以技术转移、咨询服务的方式间接参与到知识溢出过程中。因此，我们提出假设H2。

假设H2：技术发明人的学术基础将调节知识特性与高新技术企业创建模式的关系。

假设H2a：技术发明人的学术基础将调节知识先进性与高新技术企业创建模式的关系。

假设H2b：技术发明人的学术基础将调节知识隐含性与高新技术企业创建模式的关系。

假设H2c：技术发明人的学术基础将调节知识复杂性与高新技术企业创建模式的关系。

创业倾向指技术发明人的创业动机，如果技术发明人有强烈的创业动机，更加可能将所创造的知识或技术以自行创办企业的形式商业化，促进大学衍生企业的创建，反之，如果技术发明人的创业动机不足，则难以做出创业行动，更可能将自己发明的技术交由其他主体来完成商业化过程。Markman等（2002、2005）对217个专利持有者的创业动机进行了观察，发现创业动机较强的专利持有者参与创业活动的积极性也较高①。Mitchell 和 Busenitz（2008）进一步指出，在高风险和高不确定性的动态环境中，创业动机与创业行为之间的关系会表现得更加充分②。由此，提出假设 H3。

假设 H3：技术发明人的创业倾向将调节知识特性与高新技术企业创建模式的关系。

假设 H3a：技术发明人的创业倾向将调节知识先进性与高新技术企业创建模式的关系。

假设 H3b：技术发明人的创业倾向将调节知识隐含性与高新技术企业创建模式的关系。

假设 H3c：技术发明人的创业倾向将调节知识复杂性与高新技术企业创建模式的关系。

（三）学科集群对企业创建机制的影响机理

在知识溢出的过程中，知识的创造组织——母体大学的关键特征对于学科集群知识驱动创建的高新技术企业的创建模式也会产生重要影响。首先，大学的某些特殊资源禀赋，如声誉、科研实力、校园文化等很难被其他大学效仿，这些资源条件的差异制约了大学所创造知识的种类、特性和存量，也影响了大学知识的溢出路径。鲍威尔（Power）等对美国 108 所研究型大学知识溢出的影响因素进行分析，发现机构资源（如财政、人力资源、环境、组织等）在很大程度上决定了机构所创造知识的商业化方式。其次，大学的政策支持也使学科集群知识驱动创建的高新技术企业的创建过程更加便利，积极的政策引导包括支持创业行为、拓宽资源渠道、增强产学合作等，均会对企业创建资源的获取途径及获取成本产生影响③，这些政策支持有利于降低企业创立初期的经营

---

① Markman G., Gianiodis P., Phan P., "An Agency Theoretic Study of the Relationship between knowledge agents and university technology transfer offices", *Rensselaer Polytechnic Working Paper*, Troy, NY, 2006, p. 213.

② 丁明磊、杨芳、王云峰：《试析创业自我效能感及其对创业意向的影响》，《外国经济与管理》2009 年第 5 期。

③ Siegel D. S., Waldman D. A., Atwater L. E., Link A. N., "Toward a model of the effective transfer of scientific knowledge from academicians to practitioners: qualitative evidence from the commercialization of university technologies", *Journal of Engineering & Technology Management*, Vol. 21, No. 2, 2004, pp. 121 – 122.

风险，并帮助企业突破资源瓶颈。基于以上分析，我们提出假设 H4
和 H5。

假设 H4：学科集群的资源条件将调节知识特性与高新技术企业创
建模式的关系。

假设 H4a：学科集群的资源条件将调节知识先进性与高新技术企业
创建模式的关系。

假设 H4b：学科集群的资源条件将调节知识隐含性与高新技术企业
创建模式的关系。

假设 H4c：学科集群的资源条件将调节知识复杂性与高新技术企业
创建模式的关系。

假设 H5：学科集群的政策引导将调节知识特性与高新技术企业创
建模式的关系。

假设 H5a：学科集群的政策引导将调节知识先进性与高新技术企业
创建模式的关系。

假设 H5b：学科集群的政策引导将调节知识隐含性与高新技术企业
创建模式的关系。

假设 H5c：学科集群的政策引导将调节知识复杂性与高新技术企业
创建模式的关系。

（四）产业集群环境对企业创建机制的影响机理

学科集群知识驱动创建高新技术企业的过程还受到所在产业集群环
境（Regional Entrepreneurial Environment，REE）的影响。一方面，区域
的政策导向、创业文化等因素均作用于企业的成长能力与成长空间。
Brent Goldfarb 和 Magnus Henrekson（2003）比较了美国和瑞典的大学科
学研究成果商业化的体系结构后发现，美国大学的科研成果转化活动之
所以活跃，很大程度上得益于美国的大学知识转化政策，大学知识在转
化进程中能够得到联邦政府以及当地政府的支持，技术转移办公室也成
为大学和企业谈判的重要中介机构。这种被称为"从下至上"的政策
体系在美国很普遍，能够更好地提高大学知识的竞争性，并鼓励更具有
经济价值的技术出现。相较而言，瑞典的政策制定则忽略了建立大学激
励措施的重要性以及学术研究机构搜寻商业机会的重要性。

另一方面，经济发达程度、市场开放程度、产业成熟程度以及风险
资本可得性等区域特征，也决定了技术、资本、人力资源等关键创业资

源的获取渠道和获取效率（Wiklund J.，Patzelt H.，Shepherd D. A.，2009）[①]。一般而言，丰富的资源条件、积极的创业氛围将有利于新创企业克服成长初期的成长劣势，促进 CSO 的形成，相较而言，如果难以从产业中获取相关成长资源，大学所创造的知识在商业化过程中不得不依赖于母体大学的支持，更倾向于以 USO 创建的方式溢出。

假设 H6：产业集群环境将调节知识特性与高新技术企业创建模式的关系。

假设 H6a：产业集群环境将调节知识先进性与高新技术企业创建模式的关系。

假设 H6b：产业集群环境将调节知识隐含性与高新技术企业创建模式的关系。

假设 H6c：产业集群环境将调节知识复杂性与高新技术企业创建模式的关系。

基于以上分析，图 4－1 基于大学所创造知识的不同溢出路径，较为直观地表示出学科集群知识驱动的高新技术企业的创建机制模型。

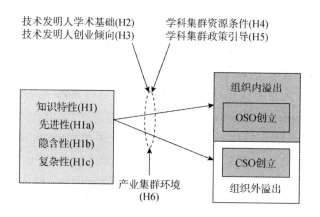

图 4－1　学科集群知识驱动创建的高新技术企业创建机制模型

二　学科集群知识驱动创建的高新技术企业成长机制

本书将学科集群知识驱动创建的高新技术企业的成长机制视为一种

① Wiklund J.，Patzelt H.，Shepherd D. A.，"Building an integrative model of small business growth"，*Small Bussiness Economics*，Vol. 32，No. 4，2009，p. 358.

外部环境驱动系统与企业内部功能系统的耦合机制：外部环境驱动系统包括学术环境与产业环境两个子系统，系统中的组织和个体为企业提供资金、信息、技术等各种成长资源，外部环境系统的资源渠道与效率构成了企业的外生成长机制；企业的内部功能系统包括创新功能与组织功能两个子系统，创新功能与组织功能相互作用，构成了企业的内生成长机制，将各类成长资源消化、转化，并纳入企业实际运营中，从而扩展、整合现有的能力，或创造新的能力（Zahra & George，2002；Mariani et al.，2018），最终转化为企业的成长绩效。

（一）外生成长机制：环境驱动系统

大多数情况下，学科集群知识驱动创建的高新技术企业与该学科集群存在天然的关联性。由于技术创业不同于主流的创业活动，其高成长性（和潜力）以及对技术发展的严重的路径依赖使得这类企业的成长进程内部依赖于企业降低不确定性以及管理知识流的能力，外部依赖于技术制度的发展、制度环境的限制以及知识产权保护水平（Shane & Venkataraman，2003）。因此，这类高新技术企业对知识的创造者——母体大学及大学中技术发明人——存在着技术上的依存。学科集群为企业提供有形资源包括试验场所和研究设备，以及无形资源包括声誉、人力资本、科学技术知识和商业知识[①]，这些支持要素在很大程度上帮助企业克服创立初期资源不足的困难。现有的实证研究结果也证实了母体大学对这类高新技术企业成长绩效的积极作用，认为母体大学的学术地位、资源条件（Shane & Stuart，2002）、创业氛围与文化（Siegel et al.，2004）、对学术创业的奖励制度（Debackere & Veugelers，2005）、科技实力、专业布局特征等都会对企业的成长绩效产生影响[②]。

由于技术发明人对创新性知识或技术的特性比一般人有更好的理解，因此，这类高新技术企业对技术存在的路径依赖就转化为对原始发明人的依赖。技术发明人作为企业核心技术的发明者，往往是企业创新机会的最初来源，他们参与到企业经营中对企业的创新性和成长性具有

[①] Clarysse B.，Wright M.，Velde E. V.，"Entrepreneurial Origin，Technological Knowledge，and the Growth of Spin – Off Companies"，*Journal of Management Studies*，No. 9，2011，pp. 1422 – 1423.

[②] 杨德林、汪青云、孟祥清：《中国研究型大学衍生企业活动影响因素分析》，《科学学研究》2007 年第 3 期。

重要的推动效应。从行为视角来看，这类高新技术企业的成长进程也是技术发明人创业行为的结果，即开发创业机会、整合创业资源、形成新产品（或新服务）并创造新价值的过程。由此，学术环境支持要素对学科集群知识驱动创建的高新技术企业的成长具有显著的积极作用，提出假设 H7 和 H8。

假设 H7：学科集群支持要素对学科集群知识驱动创建的高新技术企业的成长绩效有显著正向影响。

假设 H8：技术发明人支持要素对学科集群知识驱动创建的高新技术企业的成长绩效有显著正向影响。

企业的经济行为具有社会嵌入性，即嵌入在它与外部组织建立的各种关系网络之中。因此，企业的成长绩效受到与其他产业组织关联方式的制约（Lynn G. S. et al.，2000）。尤其对于高新技术企业而言，高额的研发成本、动态的市场环境以及资源的匮乏使得企业的生存与发展不得不依赖于与外部组织的合作关系。企业通过与其他产业组织的深度资源交换与能力互补行为，获取知识、信息、资金等成长资源，并以此为基础来进一步提高竞争能力和成长能力（Granovetter，1985）。杨虹和陈莉平（2008）、陶秋燕和孟猛猛（2017）从网络嵌入的视角指出，现代企业的知识创造与开发过程更多的是借助关系网来共同实现知识价值，并且各行为主体间的关系品质和关系结构直接决定了企业的创新能力，进而决定了企业的成长速度与成长质量。同时，企业所在区域经济规模、市场成熟度、开放程度以及风险资本活跃程度等区域特征，影响了企业关键成长资源的可获得性，因而作用于企业的成长方式与成长空间[1]。基于以上分析，提出假设 H9。

假设 H9：产业环境支持要素对学科集群知识驱动创建的高新技术企业的成长绩效有显著正向影响。

大学的政策引导与创业氛围必然会影响其中技术发明人参与企业经营的动机与成本，进而制约其商业行为，由此大学支持要素与技术发明人支持要素存在共变性。另外，处于同一区域中，该地区的发达程度、

---

[1]　Semrau T.，Werner A.，"How Exactly Do Network Relationships Pay Off? The Effects of Network Size and Relationship Quality on Access to Start – Up Resources"，*Entrepreneurship Theory and Practice*，No. 5，2014，pp. 513 – 514.

政策导向、开放程度等区域特征使得该地区的大学支持要素、技术发明人支持要素、产业环境支持要素存在一定的相互关联，由此提出假设 H10。

假设 H10：学术环境与产业环境支持要素存在相关性。

假设 H10a：学科集群支持要素与技术发明人支持要素存在相关性。

假设 H10b：技术发明人支持要素与产业环境支持要素存在相关性。

假设 H10c：学科集群支持要素与产业环境支持要素存在相关性。

（二）内生成长机制：企业功能系统

现代高新技术企业的成长模式已经不再是简单的原子式过程，而是一个交互合作的过程（钱锡红、杨永福、徐万里，2010），也是一个企业不断整合与利用外部资源的过程。基于企业内部能力观的学者则提出，企业成长不仅依赖于所获得的资源支持，更重要的是吸收与整合这些资源的企业功能，正是这些企业内部功能上的差异导致了企业的不同绩效（Beaudry & Bresch，2003；Giuliani & Bell，2005），进而呈现出不同的成长结果。Zahra 和 George（2002）指出，能够有效吸收并利用外部资源的企业表现出更优的创新绩效，因而在市场竞争中得以生存并实现成长的机会也更多。Sternberg 和 Arndt（2001）甚至认为，对于企业的成长而言，企业内部整合、利用资源的组织功能比外部的关系联结更为重要。

学科集群知识驱动创建的高新技术企业，一方面需要通过高效率的创新功能系统将从学术环境中获得的技术支持转化为企业自身的核心能力，以获得持续性的成长能力；另一方面也需要构建起战略明确、结构清晰的组织功能系统来形成稳定的经营模式或路径依赖效应，为企业成长提供资源、机构、流程上的保障。同时，创新功能系统与组织功能系统相互作用、相互促进，创新功能系统引导组织功能系统的运作模式与变革方向，组织功能系统为创新功能系统提供结构上的稳定以及各种成长支持。因此，提出假设 H11 和假设 H12。

假设 H11：学科集群知识驱动创建的高新技术企业的内部功能系统对其成长绩效有显著正向影响。

假设 H11a：创新功能系统对成长绩效有显著正向影响。

假设 H11b：组织功能系统对成长绩效有显著正向影响。

假设 H12：学科集群知识驱动创建的高新技术企业的创新功能系统

与组织功能系统相互促进。

假设 H12a：创新功能系统对组织功能系统有显著正向影响。

假设 H12b：组织功能系统对创新功能系统有显著正向影响。

学科集群所创造的知识通常具有较强的隐含性与复杂性特征，难以自动地、无约束地产生溢出效应。因此，学科集群知识驱动创建的高新技术企业需要与知识的创造主体——母体大学及技术发明人之间建立起各种网络和渠道来促进知识的获取和深度理解。这种知识溢出通道的有效构建，会在很大程度上影响企业的创新绩效。与母体大学、技术发明人知识交流的频率和广度越大，企业的创新功能越能够得到强化，进而使企业在知识溢出的过程中不仅可以获取显性知识，同时也可以吸收更深层次的隐性知识，形成良好的技术创新功能（Rasmussen et al.，2015）。

假设 H13：学科集群支持要素对学科集群知识驱动创建的高新技术企业的内部功能系统有显著正向影响。

假设 H13a：学科集群支持要素对企业的创新功能系统有显著正向影响。

假设 H13b：学科集群支持要素对企业的组织功能系统有显著正向影响。

假设 H14：技术发明人支持要素对学科集群知识驱动创建的高新技术企业的内部功能系统有显著正向影响。

假设 H14a：技术发明人支持要素对企业的创新功能系统有显著正向影响。

假设 H14b：技术发明人支持要素对企业的组织功能系统有显著正向影响。

学科集群知识驱动创建的高新技术企业作为产业内的竞争性组织，面临着新创企业在规模、声誉、市场地位上的弱势。因此，产业网络内的联结模式及强度为企业的内部功能构建提供了合意的条件。Michael 等（2008）用 Meta – analysis 方法分析了高新技术企业的成功因素，在其发现的 24 个可能的成功因素里，与新企业绩效正相关的 8 个因素均与企业所处的区域环境存在密切联系：①供应链整合；②市场范围；③企业年龄；④创业团队规模；⑤财务资源；⑥创业者的营销经验；⑦创业者的产业经验；⑧存在专利保护。

Luk 等（2008）的研究表明，产业组织间的互补合作关系为学科集群知识驱动创建的高新技术企业提供了技术互补、能力获取、新市场进入等一系列成长机会①。企业通过与外部组织或个体的知识交流和整合可以促进企业的技术创新（Kogut & Zander, 1992）②。Soo 等（2007），Scholten 等（2015）的研究结果证实了从组织外部获取知识对高新技术企业创新性问题解决的重要作用。同时，由于高新技术企业的技术开发、产品设计等业务流程需要对许多专业领域的知识进行整合，而新创企业又难以负担高额成本，因此通过组织间合作，从组织外部获取和整合知识，有利于提升企业的创新能力和管理能力（Yli - Renko et al., 2002）③。

假设 H15：产业环境支持要素对学科集群知识驱动创建的高新技术企业的内部功能系统有显著正向影响。

假设 H15a：产业环境支持要素对企业的创新功能系统有显著正向影响。

假设 H15b：产业环境支持要素对企业的组织功能系统有显著正向影响。

综合以上分析，学科集群知识驱动创建的高新技术企业成长机制的概念模型如图 4 - 2 所示，研究的核心在于探索学科集群知识驱动创建的高新技术企业的内外部成长机制及其耦合效应，即分析学术与产业两种差异性环境下的支持要素与企业内部功能系统的交互影响方式，并最终转化为企业成长绩效的作用机制。

按照这一推导逻辑，对于学科集群知识驱动创建的高新技术企业而言，其外部环境驱动系统对于企业成长绩效的影响很大程度上是通过企业的内部功能系统实现的，因此提出假设 H16。

假设 H16：学科集群知识驱动创建的高新技术企业的内部功能系统

---

① Luk C., Yau O., Sin L., Tse A., Chow R., Lee J., "The effects of social capital and organizational innovativeness in different institutional contexts", *Journal of International Business Studies*, Vol. 39, No. 9, 2008, p. 596.

② Kogut B., Zander U., "Knowledge of the firm, combinative capabilities, and the replication of technology", *Organization Science*, Vol. 3, No. 3, 1992, p. 386.

③ Yli - Renko H., Autio E., Tontti V., "Social capital, knowledge, and the international growth of technology - based new firms", *International Business Review*, Vol. 11, No. 3, 2002, pp. 289 - 292.

对于"外部环境驱动系统—成长绩效"关系起到中介作用。

假设 H16a：企业的创新功能系统对于"外部环境驱动系统—成长绩效"关系起到中介作用。

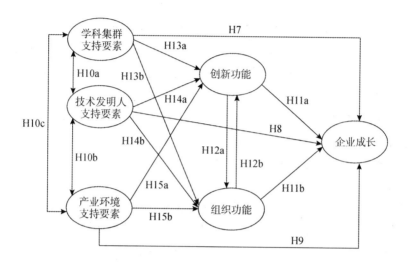

图 4 - 2　学科集群知识驱动创建的高新技术企业的成长机制模型

假设 H16b：企业的组织功能系统对于"外部环境驱动系统—成长绩效"关系起到中介作用。

正如上文所分析的，以知识溢出为创建机会所形成的高新技术企业存在 USO 和 CSO 两种组织类型。由于创建模式不同，这两类新创企业与学科集群与产业集群环境中各主体的联结模式和联结强度必然存在差异，因此能够获得的成长资源不同，企业对不同来源与类型的成长资源的吸收、整合与利用方式也不同。USO 与 CSO 的外生成长机制（环境驱动系统）与内生成长机制（企业功能系统）的耦合方式也必然呈现出差异性，关键驱动要素、作用方式及驱动效果依企业的不同创建属性表现出不同的有效性。基于以上分析，提出假设 H17。

假设 H17：创建模式将调节学科集群知识驱动创建的高新技术企业成长机制的有效性。

即学科集群知识驱动创建的不同创建属性的高新技术企业（USO 与 CSO）的外部环境驱动系统与内部功能系统具有不同的耦合模式。

第二节 问卷设计与数据收集

由于本书的研究对象是学科集群知识驱动创建的高新技术企业。而这类企业直到1999年国家推出一系列支持计划和政策之后才获得较快的发展，因此企业成立时间较短、规模较小，难以从公开的资料中获得所需数据。基于以上原因，本书的数据收集采用问卷调查法进行。

问卷调查法是目前国内外进行实证研究常用的数据获取方法，这种方法的优点是灵活可控，并且能够获得翔实可靠的第一手资料。问卷设计及调研工作主要包括如下几个阶段。

第一阶段，初始问卷设计。有效的问卷设计和构建很大程度上决定了研究的质量，我们在理论积累和深度企业访谈的基础上，提出学科集群知识驱动创建的高新技术企业的创建与成长机制模型，并对研究框架中构念的测量模型进行测试。通过以下方法保证问卷的内容效度：①所使用问卷的测量题项大部分来源于对国外已有研究中成熟量表的翻译，而对于少数本书首次进行测度的变量，我们在整理和总结大量国内外相关文献的基础上，设计相应测量模型；②对参与知识溢出进程的三位大学技术发明人和两位企业家进行了访谈，五位受访者均具有丰富的科研成果转化经验。我们请他们对初始问卷的设计方案和题项表述提出意见和建议，并对问卷题项进行了有针对性的修改。

第二阶段，预调研与正式问卷确定。我们将初始调研问卷在湖北省内进行预调研，对湖北省内3所"211工程"大学（武汉大学、华中科技大学、武汉理工大学）知识溢出所形成的120家高新技术企业进行了预调研（共回收问卷73份，其中有效问卷66份，问卷回收率为60.8%，有效率为55.0%），请填写者提出反馈意见。我们根据预调研的数据对初始问卷进行了信度效度检验，并基于检验结果修改完善测量题项，剔除不合理的测量题项，最终确定正式的调研问卷。

第三阶段，正式调研阶段。正式的调研工作分为两个阶段。第一，对参加调研工作的人员进行集中培训，由问卷设计人员和预调研人员对其他人员进行培训，包括问卷题项的讲解和提醒注意事项。为了减少调研过程中的理解误差，我们将调研人员分成3个小组，每小组2—3人，由一名调研经验较丰富的人员负责该小组的调研工作。第二，湖北省范围内的正式调研工作。为了确保较高的问卷回收率，我们首先通过网站了解了湖北省各高校知识溢出所形成的高科技企业的数量、规模等信息，接下来积极与教育部科技发展中心进行沟通并获得支持，确定了问卷发放数量、问卷调研负责人等。在此基础上，我们根据企业的联系方式，通过电话与被调研企业取得联系，并通过邮寄的形式向企业发放问卷。调研小组成员及时与受访企业沟通，回答受访企业提出的问题，并保证问卷内容的保密性，以及向受访企业承诺把调研结果反馈给企业。

正式的调研工作于 2015 年 8 月开始，12 月结束，共历时 4 个月。我们通过电子邮件向湖北省内学科集群知识驱动创建的高新技术企业累计发放问卷 550 份，经过与企业的多次沟通，共回收问卷 367 份，其中有效问卷 322 份，问卷总回收率为 66.7%，总有效率为 58.5%。问卷填写人大部分为在企业任职的高层管理人员，例如，CEO、副总经理、经理助理等，从而保证了调研结果的可信度。

第三节　湖北省学科集群知识驱动创建的高新技术企业创建机制——变量选择及度量

一　知识特性

对于如何表征一项知识的知识特性，目前并没有一致的测度方法，常用的测量标准包括隐含性、创新性、复杂性、系统嵌入性、价值性、分散性等。依据研究目的，我们着重考察大学所创造知识的创新属性，因此结合已有文献，我们对"知识特性"的测度，通过以下三个维度进行：①知识的先进性。衡量该项知识的创新水平以及在行业中的地位，即该项知识是否在行业中处于领先水平。②知识的隐含性。在本质上，知识存在着隐性和显性两种形式，Polanyi（1962），Nonaka（1994）等学者认为隐性知识根植于人们的行动和相互联系中，可以看作通过个人经验所获得的技巧或诀窍（know - how），因此很难被编码和解释，而且隐性知识的传播或使用在很大程度上依赖于该知识的掌握者。相反，显性知识则可以较为便利地进行编码，能够通过数据、公式、说明书、专利等形式共享。对于知识的隐含性，我们采用 Kogut 和 Zander（2003）的方法，用"可编码化"来进行测量。③知识的复杂性。Zandert 和 Kogut（1995）指出，如果掌握或运用某项知识需要多种能力或技能，说明该项知识的复杂程度较高，相反，复杂程度低的知识在理解或转移的过程中仅需要单一能力。"知识特性"具体的测度题项如下。

A1：该项知识（技术）处于行业领先水平。

A2：该项知识（技术）的关键诀窍能够被清晰地表述出来。

A3：该项知识（技术）的理解与应用需要多种能力或技能。

"知识特性"的测度采用 Likert - 5 点态度量表衡量，即从非常不同意到非常同意共五个选项，分别以分数 1—5 来表示。对于某一具体题项，分数越高代表受访企业越同意该题项所表述的观点，分数越低代表越不同意。

二 技术发明人

Ding 和 Choi（2011）认为大学中科学家的性别、研究生产力、社会关系网络等变量将会影响科学家们的商业化路径偏好。Krabel、Mueller（2009）认为大学中科学家的创业活动受到所持有的专利数量、创业经验、对于科研成果商业化的态度以及与产业联系程度的影响。Mustar 等（2006）通过专业水平与创业经验两个维度衡量大学中技术发明人的创业能力，前者包括发表论文数、职称、专利数量、获得基金资助额度四个变量，后者包括与产业合作经验、技术转移经验、工作经验三个变量。Ding 和 Choi（2011）采用性别、科研产出水平、社会关系网络三个变量衡量大学中技术发明人的创业路径偏好。另外，个人收益（Shane，2004）、声望或地位（Zucker et al.，1998）、社会资源（Guy & Quintas，1995；Friedman & Silberman，2003）等变量也被证实是大学中科学家创业方式的重要影响因素。李雯、夏清华（2011）从企业经营、创新能力、主动性、角色认知四个维度考察了学术型企业家的创业自我效能。

借鉴以上研究的量表，我们通过学术基础和创业倾向两个维度来衡量技术发明人的特征，也采用 Likert - 5 点态度量表衡量，具体包括 6个测度题项。

B1：技术发明人具有丰富的科研成果。

B2：技术发明人具有较高的学术地位。

B3：技术发明人具有良好的教育背景。

B4：技术发明人有强烈的意愿将科研成果产业化。

B5：技术发明人认为自己能够完成从学者到管理者的角色转换。

B6：技术发明人有强烈的意愿挑战自己新的能力。

三　学科集群

学科集群的资源条件和政策支持会影响大学所创造知识的溢出方式，也制约了该知识会以何种企业创建形式完成价值实现过程。资源条件指大学的基础设施、科研实力等，而政策支持指大学对于学术创业的政策引导以及所提供的各种支持要素，帮助这类企业克服创业初期的商业资源匮乏问题。Shane 和 Stuart（2002）分析了大学的资源条件对学科集群知识驱动创建的高新技术企业创建进程的影响，发现成功衍生出更多企业的大学通常具有更好的基础设施（包括学科设置、声望、科研人员数量及结构、科研实力、科研条件等）。在后续的研究中，Shane（2004）进一步补充了这一观点，指出大学的资金规模和性质也会影响学术创业的方式与成功率，研究发现产业资助所占比例越高，越有利于提高基于大学知识的企业创建效率，这表示良好的产学合作关系对基于大学知识的高新技术企业创建也具有积极的影响。

同时，大量证据表明大学积极的政策引导与机构支持，如技术许可办公室（TLO）会对企业创建活动产生影响。有学者指出，对大学政策的感知反应会影响大学雇员基于知识的创业行为（Feldman et al.，2002；Degroof & Roberts，2004），由此也形成了不同的企业创建模式。Siegel 等（2004）进一步提出，为了促进大学内的创业氛围，应该关注五项组织和管理因素，即奖励制度、支持机构及人员配备、促进大学技术转移的灵活政策、资源投入以及促进信息流动。Debackere 和 Veugelers（2005）同样支持这种观点，并鼓励大学采用：①鼓励学术创业行为的奖励制度，②为研究团队提供更大自主权的分散化运营结构，③建立专门的组织机构，以管理与大学知识产业化相关的问题。

借鉴以上学者的研究量表，我们通过"资源条件"与"政策引导"两个维度来衡量学科集群对于高新技术企业创建方式的影响，也采用Likert-5 点态度量表衡量，具体包括 5 个测度题项。

C1：学科集群具有很高的综合声誉。

C2：学科集群具有突出的科研实力。

C3：大学制定明确的奖励政策来促进知识（科研成果或技术）转化。

C4：大学建立专门的实施部门促进知识（科研成果或技术）转化。

C5：大学主动寻求产业力量促进知识（科研成果或技术）转化。

四　产业集群环境

产业集群环境是衍生企业创建和成长的外部条件，决定了企业各种创业资源的可得性，因此必然会影响企业的创建模式。O'Shea 等（2005）通过对技术产出的分析发现，当地政府对科研的资金支持与知识衍生活动有很强的正相关性；杨德林等（2007）总结了中国研究型大学创建科技型衍生企业的影响因素，发现学科集群知识驱动创建的衍生企业活动与大学的地理位置以及大学与政府的关系存在密切关联；也有学者更进一步分析了产业集群环境中的产业吸收能力、资金来源、社会中介机构的发达程度（Eun，Lee，Wu，2006；Chang et al.，2006；Toshihiro Kodama，2008）等创业关键因素有利于公司衍生企业而非大学衍生企业的创建。Florida 和 Kenney（1988）特别强调了风险资本在创建高新技术企业中的核心激励作用。另外，产业集群附近的知识基础设置也被认为是影响基于大学知识的创业活动活跃程度的关键因素，Saxenian（1994）发现，衍生活动更有可能发生在高科技集群区，因为企业可以很容易地获得关键性的专业技术、人才、网络和知识。

对于学科集群知识驱动创建的高新技术企业所在地区的产业集群环境特征，我们也采用 Likert－5 点态度量表衡量，具体通过 5 个题项进行测度。

D1：本地区是创新、有活力的区域。

D2：本地区具有良好的基础设施和交通设施。

D3：本地区具有多渠道的资金提供者。

D4：政府设有专项创新创业基金项目。

D5：当地生活质量较高。

五　企业创建模式

本书以"企业是由大学（或大学中雇员）创建还是由产业中的组织或个人创建"来衡量学科集群知识驱动创建的高新技术企业创建模式。

该变量为二分变量，1 和 0 分别表示两种不同创建属性的衍生企业。1 代表企业由大学或大学中雇员创建，即知识的组织内溢出，形成了 USO；0 代表企业由产业中的组织或个人创建，即知识向大学组织外溢出，形成了 CSO。

另外，不同的行业特征可能会对学科集群知识驱动创建的高新技术企业的创建模式产生影响。为保证研究的严谨性和科学性，我们进一步将行业属性设置为控制变量，即"大学所创建的知识应用于何种行业"，通过企业的主营产品（或服务）来反映。

第四节　湖北省学科集群知识驱动创建的高新技术企业集群化成长机制——变量选择及度量

一　学科集群支持要素

尽管现有研究充分肯定了学科集群作为知识的创造主体，某些能力或特征对于知识溢出以及在此基础上高新技术企业的成长具有重要的推动作用，但如何衡量大学或相关学科集群的支持要素，国内外学者通常基于研究目的选择不同的变量，尚缺乏一致的衡量指标。常用的测度指标包括：大学的科研能力（Shane，2004；Baldini et al.，2007）、特殊的研究领域（O'Shea et al.，2005）、大学的声誉（Zucker et al.，1998）、政策（Hsu & Bernstein，1997；Tornatzky et al.，1997）、支持创业的校园文化（Franklin et al.，2001）、卓越的智力资本（Di Gregorio & Shane，2003）、大学设立的某些专门机构，如技术转移办公室（Powers & Mc-Dougall，2005）、科技园、孵化器（Clarysse et al.，2005；Lockett & Wright，2005）。Einar Rasmussen 等（2010）在总结已有研究的基础上，较为全面地总结并衡量了学科集群为衍生企业提供的支持要素，从路径引导支持、资源整合支持、角色平衡支持三个方面进行测度。

本书参照 Einar Rasmussen 等（2010）所提出的框架[①]，以路径引

---

① Rasmussen E.，Borch O. J.，"University capabilities in facilitating entrepreneurship：A longitudinal study of spin – off ventures at mid – range universities"，*Research Policy*，No. 39，2010，p. 607.

导、资源整合、角色平衡三个维度表征学科集群的支持程度："路径引导"指大学所提供的战略、品牌、关系网络等支持要素，帮助企业开拓新的成长路径；"资源整合"指大学为企业经营提供必要的资源组合；"角色平衡"指大学为平衡衍生企业及其中学术型企业家的学术与商业角色提供的便利条件。具体包括 7 个测度题项。

E1：大学为企业提供品牌支持。

E2：大学为企业提供战略引导。

E3：大学为企业提供关系资源。

E4：大学为企业提供资金。

E5：大学为企业提供场地与设备。

E6：大学支持技术向衍生企业转移。

E7：大学支持大学雇员参与衍生企业经营。

"学科集群支持要素"的测度也采用 Likert – 5 点态度量表衡量。

二 技术发明人支持要素

针对技术发明人如何促进学科集群知识驱动创建的高新技术企业成长，目前并没有可借鉴的成熟量表。大部分研究充分肯定了技术发明人作为企业核心技术的发明者，对于企业创新能力的促进作用，同时，技术发明人也可能为企业提供资金、社会资本、战略引导等支持要素。

Gimmona E. 和 Levie J.（2010）从技术水平、产业合作经验、管理经验、学术地位四个方面衡量学者发明人对于企业生存能力的影响。易朝辉、夏清华（2011）从创业管理支持、政策支持、大学资金支持、基础设施支持、信用支持以及社会资本支持来测量技术发明人对于大学衍生企业的资源支持力度。李雯、夏清华（2012）构建了大学中学者创业的"环境支持→创业感知→创业行为→创业绩效（大学衍生企业绩效）"作用机制模型，并通过感知合意性与感知可行性衡量大学学者的创业感知，通过参与程度和创业投入两个变量衡量大学学者的创业行为。Lin 和 Germain（2003）、Franke 等（2006）衡量了技术发明人的社会网络对于企业创新的重要作用，认为在其学术生涯所积累的资源有利于企业异质性关系网络的构建。Hmieleski 和 Corbett（2008）提出技术发明人对于该技术及其应用潜力的了解程度是不可替代的，因此技术发明人的创业行动对于企业的发展战略会产生一定影响。也有学者指出了技术发明人社会资本对于衍生企业成长的积极作用，Harrison（1994）

通过对美国硅谷产业区内基于大学知识创建的企业进行研究，发现企业实现创新优势的速度与网络异质性正相关。网络的异质性给企业带来种类丰富或者非冗余创新资源，并进一步为企业的技术创新实现提供更多的选择或更多种创新要素组合的机会（Franke et al.，2006），而技术发明人的学术资源背景将在很大程度上增强了企业的网络异质性。

综合以上学者所采用的量表及本书研究需要，在学科集群知识驱动创建的高新技术企业成长过程中，我们通过以下题项测度技术发明人提供的支持要素。

F1：技术发明人有利于企业的技术创新。

F2：技术发明人有利于企业关系网络建立。

F3：技术发明人有利于企业治理结构的完善。

F4：技术发明人有利于把握企业的发展方向。

F5：技术发明人有利于企业知名度的提升。

"技术发明人支持要素"的测度也采用 Likert – 5 点态度量表衡量，包括 5 个题项。

三　产业环境支持要素

产业环境作为一种外生因素，是企业获取竞争优势和可持续成长能力的外部条件。产业环境会影响企业的资源获取方式与途径，并且在塑造企业行为过程中扮演着重要角色。伊恩·沃辛顿和克里斯·布里顿指出，企业处于两种层次的环境之中，一是"总体"或"背景"环境，包括政治、社会、法律、文化、技术及其他要素；二是"即时"或"运营"环境，包括供应商、竞争者、劳动力市场、金融机构及其他要素。企业可以被视为一种开放的系统，与不同层次的环境要素处于不断的互动过程中。按照以上逻辑，对于基于知识溢出的产业环境的测度，就应该包括"背景环境"和"运营环境"两个层面。

"背景环境"通常指企业所在区域的基础环境，包括技术、市场、政策法规等要素，如 Jaworski 和 Kohli（1993），Slater 和 Narver（1994）。汪秋明等（2011）将产业环境划分为技术环境、市场环境和制度环境三个维度；Koka 等（2006）的研究将高新技术企业成长的环境因素划分为经济、政策、技术以及社会环境；洪勇、苏敬勤（2009）以 191 家中国技术密集型制造企业为样本，构建发展中国家企业技术能力提升因素的理论模型，从政策支持、市场压力和产业协同三个方面度量产业环境驱动因素；Wignaraja G.（2002）通过支持和激励政策、人才供给、培训体制、基础设施和配套体系四个维度来衡量并检验国家政策和制度因素对高新技术企业绩效的影响机理。

"运营环境"是指与企业关联紧密的产业伙伴所构成的直接对企业运营方式与绩效产生影响的环境系统。茅宁（2005）指出，企业各个层次的产业伙伴都蕴含着价值创造的能力，通过与企业外部利益相关者的交换关系，企业可以获得更为丰富的支持和资源；Talmud 等（1999）以以色列高新技术企业为样本，从产业网络中心性和地理邻近性两个维度考察了产业网络对于高新技术企业创新成功模式的影响；Panda 和 Ramanathan（1996）也认为相关或支持产业的状态是影响高新技术企业成长空间的重要外部因素，他们用产业链的完备性和上下游企业技术能力提升的拉动作用来衡量产业的协同状况；Luk 等（2008）的研究结果表明，关键性专业技术与人才、资源提供者与产品消费者等产业合作伙伴之间的深度合作，为基于知识溢出的高新技术企业提供了成长机会①。

结合已有研究和学科集群知识驱动创建的高新技术企业的特殊性，在考察这类企业所处的产业环境时，本书以"运营环境"与"产业集群环境"两个维度来表征产业环境所提供的支持要素。"运营环境"指产业内利益相关者的联结方式与联结程度；"产业集群环境"指企业所在地区的基础环境。由于本书的研究对象是高新技术企业，因此对于产业集群环境的测度侧重于该区域的创业环境，包括政策导向、基础设施、资金来源、生活质量等因素。

G1：与研发合作伙伴联系密切。

G2：相关人才丰富。

G3：市场需求旺盛。

G4：与生产、销售合作伙伴联系密切。

G5：政府设有专项创新创业基金项目。

G6：多渠道的资金提供者。

G7：本地区是创新、有活力的区域。

---

① Luk C., Yau O., Sin L., Tse A., Chow R., Lee J., "The effects of social capital and organizational innovativeness in different institutional contexts", *Journal of International Business Studies*, Vol. 39, No. 4, 2008, pp. 607 – 609.

G8：当地生活质量较高。

G9：良好的基础设施和交通设施。

"产业环境支持要素"的测度也采用 Likert – 5 点态度量表衡量，包括 9 个题项。

四　企业内部功能系统

企业的内部功能系统是企业将外部知识和资源转化为创新性产品或服务的重要机制。Cockburn 和 Henderson 等（2005）提到了内外部知识资源的结合是企业创新成功的重要因素。Arora 和 Gambardella（2007）的计量分析结果进一步支持了这一观点，并提出企业的内部功能是获得外部资源并将之转化为创新产出，进而形成持续的竞争优势，促进企业成长的重要条件。

企业内部功能系统的衡量并没有一致的标准，一些学者提出企业功能系统的"领域特殊性"原则，即根据不同类型企业，以及不同的情景和任务进行测量（Cassiman & Veugelers，2006）。对于高新技术企业而言，持续的创新能力是企业成长的根本动力，因此企业创造知识、运用知识、革新知识的能力决定了企业的核心技术和知识在组织体系中的形成和积累机制，也决定了企业开发新产品、开拓新领域的能力，并提升企业对于外部环境的适应能力。同时，价值网络角度认为，战略导向、组织结构、运作流程、管理制度等方面因素决定了一个企业的生产组织能力，即对现有投入资源的转化能力，企业的组织能力有利于提高企业的运作效率，从本质上降低了企业内部的交易成本。

结合已有研究结果，本书以"创新功能"与"组织功能"两个维度来表征学科集群知识驱动创建的高新技术企业的内部功能系统。具体的测度题项如下。

H1：企业在近三年有许多新产品（服务）线上马。

II2：企业的新产品（服务）大多是大幅度的创新。

H3：企业非常强调研发、技术领先和创新。

H4：企业有很强的凝聚力。

H5：企业的发展战略明确。

H6：企业的治理结构清晰。

H7：产品的销售应用渠道通畅。

"企业内部功能系统"的测度也采用 Likert – 5 点态度量表衡量，包括 7 个题项。

五 企业成长绩效

企业成长是一个量变到质变的交互过程，是企业内外部影响成长的"因素"推动企业的组织与功能不断分化，从而促进企业机体不断扩张和适应环境，并与环境形成良性互动的过程。对于高新技术企业成长性的评价与测度，许多学者关注到这类企业高创新性、高风险性、高技术含量的特征，在设计企业成长性的测度模型时，特别关注企业的技术创新能力的提升与成长。

Macmillan 等（1985）认为，对高新技术企业成长的评价有 6 类 27 个影响因素，即①企业家的个人素质；②企业家的经验；③产品和服务的特点；④市场的特点；⑤财务特点；⑥企业团队精神。Kakati（2003）用聚类分析法对 27 个投资科技型创业企业成功和失败的创业资本家的投资评价标准进行了研究，发现企业家素质，以资源为基础的能力、竞争战略是企业生存和发展的决定因素[①]；朱和平、王韬（2004）根据创业板市场上高新技术企业高成长性的特点，设计了包括财务潜力、人力资本力量、市场和公共关系能力、技术与创新能力 4 个层面 20 项指标构造的成长性评价体系；张玉明、刘德胜（2009）以仿生学理论为基础，从企业内外两方面构建出评价高新技术企业成长机制的评价指数，该指数由内生机制指数和外生机制指数共 13 个分指数构成；范柏乃等（2001）对中国 30 家风险投资公司和 60 家中小型高科技企业进行了测量，得出了中国高新技术企业成长性的分层递阶评价指标体系[②]；周志丹（2007）对企业的资金实力、经营效率、人员素质以及技术装备、企业经营战略等生产组织要素进行诊断，并针对宁波市高科技企业做出成长性评估，从指标体系设计和评价模型构建等进行实证分析[③]；Churchill（1992）等学者认为企业绩效是企业活动对企业目标贡献程度的评价，因此，新创企业的成长绩效指的是创业者为实现其创业目标，通过一系列的工作行为所取得的反映新创企业成长的各种结

---

① Kakati M. , "Success criteria in high – tech new ventures", *Technovation*, Vol. 23, No. 9, 2003, pp. 451 – 453.

② 范柏乃、沈荣芳、陈德棉：《中国风险企业成长性评价指标体系研究》，《科研管理》2001 年第 1 期。

③ 周志丹：《高新技术企业成长性评价的实证分析》，《工业技术经济》2007 年第 11 期。

果，具体来讲，可以从新创企业的获利性以及成长性来衡量（张君立、蔡莉、朱秀梅，2008）。

本书总结以上研究结果，结合已有的测量模型，通过 5 个题项来测度学科集群知识驱动创建的高新技术企业的成长绩效。企业的规模、近三年的年均销售利润率、企业的多样化经营程度三个指标反映了企业的成长现状，即企业静态的经营状况和效率，也是企业进一步扩张的基础；企业的销售收入增长率与知识产权数增长率则反映了企业的动态成长潜力，从盈利能力与创新能力两方面反映企业未来的成长能力。

P1：企业规模。

P2：企业近三年的年均销售利润率。

P3：企业的多样化经营程度。

P4：企业的销售收入增长率。

P5：企业的知识产权数增长率。

"企业成长绩效" 5 个测度题项分别对应问卷中的第 2、3、24、25、26 题。

第五节　实证分析方法

一　创建机制分析方法——Logistic 回归

本书采用 Logistic 回归分析对学科集群知识驱动创建的高新技术企业的创建机制进行检验。在分析分类变量时，通常采用的一种统计方法是对数线性模型（Log – Linear Model）。如果将对数线性模型中的一个二分类变量作为因变量，并将其定义为一系列自变量的函数，那么对数线性模型就成为 Logistic 回归模型。

Logistic 回归模型也可以被看作一个概率模型，事件发生的条件概率 $P（Y_i = 1/X_i）$ 与 X_i 之间的非线性关系通常是单调函数，即随着 X_i 的增加 $P（Y_i = 1/X_i）$ 也单调增加，或者是随着 X_i 的减少 $P（Y_i = 1/X_i）$ 也单调减少[1]。

---

[1] 王济川、郭志刚：《Logistic 回归模型——方法与应用》，高等教育出版社 2001 年版，第 361 页。

假设有一个理论上存在的连续反应变量 Y_i^* 代表事件发生的可能性，其值域为负无穷至正无穷。当该变量的值跨越一个临界点 C（比如 $C=0$），便导致事件发生。于是有：

当 $Y_i^* > 0$ 时， $Y_i = 1$；

在其他情况下，$Y_i = 0$。

这里，Y_i 是实际的反应变量，存在两种可能，$Y_i = 1$ 表示事件发生，$Y_i = 0$ 表示事件未发生。如果假设在反应变量 Y_i^* 和自变量 X_i 之间存在一种线性关系，即：

$$Y_i^* = \alpha + \beta X_i + \varepsilon_i \tag{4-1}$$

因此，

$$P(Y_i = 1/X_i) = P[(\alpha + \beta X_i + \varepsilon_i) > 0] = P[\varepsilon_i > (-\alpha - \beta X_i)] \tag{4-2}$$

通常假设误差项 ε_i 有 Logistic 分布或标准正态分布，由于 Logistic 分布或正态分布都是对称的，所以可以改变公式（4-2）中不等号的方向，改写为：

$$\begin{aligned} P(y_i = 1 \mid x_i) &= P[\varepsilon_i \leqslant (\alpha + \beta x_i)] \\ &= F(\alpha + \beta x_i) \\ &= 1/(1 + e^{-\varepsilon_i}) \end{aligned} \tag{4-3}$$

这一函数即为 Logistic 函数，在这个函数中，无论 ε_i 取任何值，Logistic 函数的取值范围均在 0—1。

我们定义 ε_i 为一系列事件发生概率的因子的线性函数，即 $\varepsilon_i = \alpha + \beta x_i$，其中 X_i 为自变量，α 为回归截距，β 为回归系数，从而得到 Logistic 回归模型：

$$P(y_i = 1 \mid x_i) = \frac{1}{1 + e^{(\alpha + \beta r_i)}} \tag{4-4}$$

对于一元回归，设 Y_i 为第 i 个事件发生的概率，则事件发生与不发生概率之比为 $y_i/(1 - y_i) = e^{\alpha + \beta x_i}$，将该式取自然对数就得到一个具有线性函数性质的 Logistic 回归模型：

$$\ln[y_i/(1 - y_i)] = \alpha + \beta x_i \tag{4-5}$$

在有 n 个变量时，相应的 Logistic 回归模型为：

$$\ln[y_i/(1 - y_i)] = \alpha + \sum_{i=1}^{n} \beta_n x_i \tag{4-6}$$

其中，$y_i = P(y_i = 1 \mid x_{i1}, x_{i2}, \cdots, x_{in})$ 为给定系列自变量 x_{i1}，

x_{i2}，$\cdots$，x_{in}的事件发生概率。

根据以上分析，Logistic 回归方法所适用的条件包括：①数据必须来自随机样本，且假设因变量 y_i 是 n 个自变量（$n=1$，2，$\cdots$，n）的函数；②因变量只能取值 0 或 1（二分变量），且研究目的在于了解该变量发生的条件概率，即 $p(y_i = 1 \mid x_{in})$；③各自变量可以是连续变量，也可以是离散变量，还可以是虚拟变量。对于衍生企业创建模式的研究所涉及的因变量"学科集群知识驱动创建的高新技术企业的创建模式（USO 或 CSO）"（属于二分变量而不是连续变量）在数据处理时以"1"或"0"编码值来代表"以大学衍生企业的形式创建"或"以公司衍生企业的形式创建"，因此完全适用于 Logistic 回归模型。

对于学科集群知识驱动创建的高新技术企业的创建模式分析，我们通过两个步骤的 Logistic 回归进行：第一，是对"知识特性—企业创建模式"直接效应的检验；第二，是运用调节回归分析技术对技术发明人、学科集群、产业集群环境对"知识特性—企业创建模式"关系的调节效应进行检验，具体的分析步骤将在第五章详细阐述。

二　成长机制分析方法——结构方程模型

对两类高新技术企业（USO 与 CSO）的成长机制模型，本书采用结构方程模型的方法进行检验。主要目的在于检验学科集群、技术发明人、产业集群环境所提供的支持要素构成的外部环境驱动系统，与企业内部功能系统的耦合作用方式与影响效应，以及转化为企业成长绩效的途径。

结构方程模型（Structural Equation Modeling，SEM）是目前社会科学量化研究的一种重要统计方法，它融合了传统多变量统计分析中的"因子分析"（factor analysis）与"路径分析"（path analysis）两种统计方法，同时检验模型中包含显性变量、潜在变量、干扰或误差变量间的关系，进而获得自变量对因变量影响的直接效果（direct effects）、间接效果（indirect effects）或总效果（total effects）。结构方程模型最显著的两个特点是：①能够对多维的和相互关联的关系进行评价；②在评价的过程中，能够发现这些关系中难以直接测量的概念关系，并能够解释测量误差。换句话说，结构方程模型不但能够分析观察变量（observed variables）间彼此的复杂关系，还能够借由一组观测变量来测度并解释无法直接进行测量的潜变量，如动机、企业战略模式等构念（Moustaki et al.，2004）。

SEM 属于验证性（confirmatory）而非探索性（exploratory）的分析方法，是一种用以检验某一理论模型或假设模型适切性与否的统计技术。因此 SEM 必须有理论或经验法则支撑，其假设因果模型必须建立在一定的理论上，在理论引导的前提下才能构建假设模型图。SEM 特别强调理论的合理性，即使是模型的修正，也必须依据相关理论进行。此外，SEM 模型估计方法中最常用的方法为极大似然法（maximum likelihood），使用极大似然法来估计参数时，样本数据必须符合多变量正态性假定（multivariate normality），即数据必须为正态分布数据，测量指标变量呈现线性关系。

本书采用的分析工具是 AMOS 7.0，此种分析又称为协方差结构分析（analysis of covariance structures）或因果模型分析（analysis of causal modeling）。这种方法结合了传统的一般线性模型与共同因子分析的技术，适用于存在潜变量的模型，用于验证并解释潜变量之间的关系，同时检验模型的收敛性。

第六节　本章小结

基于本书的研究目的，本章首先提出了相应的研究假设，接下来从问卷设计与数据收集、变量测量模型和分析方法等方面对本书所采用的实证研究设计进行了详细的阐述。

针对研究假设的提出，本章在第三章理论分析的基础上，进一步提炼出学科集群知识驱动创建的高新技术企业的创建与成长机制模型。首先，基于知识的不同溢出路径，分析学科集群知识创新驱动的特殊创业模式，并由此构建高新技术企业的创建机制模型，提出假设 H1—H6。在此基础上，进一步分析这类新创企业成长过程中的外生成长机制、内生成长机制及其耦合效应，并探索企业内外部成长驱动要素如何转化为企业成长绩效的机理，构建出学科集群知识驱动创建的高新技术企业成长机制模型，提出假设 H7—H17。第五章、第六章将通过实证研究对所提出的理论模型和假设进行验证。

针对实证研究的设计，本章从以下几个方面加以说明：第一，在问卷设计中，在借鉴国内外已有成熟量表的基础上，综合运用专家访谈、预调研等多种方法科学地设计调研问卷，确定了自变量、因变量、调节变量和控制变量的测量题项，从而保证问卷的有效性；第二，在数据收集过程中，采取多种方式对问卷的发放与回收过程进行监督，确保所获调研数据的可靠性；第三，基于研究目的及变量的特征，对学科集群知识驱动创建的高新技术企业的创建与成长机制分别采用 Logistic 回归与结构方程模型两种不同的实证方法，本章对这两种计量分析方法的特征与适用性进行了说明。

第五章　湖北省学科集群对高新技术产业集群形成的促进作用：新企业创建机制及影响因素

学科集群知识驱动创建的高新技术企业，其创建的最初机会来源于大学创造的知识，而知识本身的复杂性以及学科集群、产业集群环境、技术发明人等关键要素的特征决定了在学科集群知识溢出的过程中，存在着两种截然不同的高新技术企业创建模式——以大学或技术发明人主导创建的大学衍生企业或产业组织主导创建的公司衍生企业。本章的目的在于分析知识特性以及学科集群、技术发明人、产业集群环境等关键要素的特征如何影响高新技术企业的创建模式。我们将 USO 与 CSO 看作基于学科集群知识溢出的两种高新技术企业的有效创建途径。那么，在何种条件下，大学所创造的知识以大学衍生企业创建的方式溢出，何种条件下以公司衍生企业的方式溢出？这是本章所要分析的关键问题。

本章首先对有效样本数据进行描述性统计分析；其次根据第四章提出的理论假设构建 Logistic 回归模型；再次对所使用的问卷量表题项进行信度效度分析，以验证问卷的可靠性和有效性；最后对学科集群知识驱动创建的高新技术企业创建机制的理论模型以及相应的假设进行实证检验。

第一节　样本企业的统计特征

本书的研究目的主要是剖析学科集群知识驱动创建的高新技术企业的创建机制，并对不同创建属性的衍生企业成长机制进行比较。数据样本为学科集群知识驱动创建的高新技术企业，包括两种类型的企业：一类是由大学或其中雇员主导创建的 USO；另一类是基于大学知识，由产业中的组织或个人创建的高新技术企业——CSO。因此在对样本企业进行描述性统计分析时，笔者不但对样本数据进行了总体统计分析，还分别统计了 USO 与 CSO 的基本特征。

表 5 – 1 的统计结果显示，湖北省学科集群知识驱动创建的高新技术企业大部分处于创业期或成长初期，普遍成立时间不长，规模较小。受访企业中，成立年限在 5 年以下的企业有 107 家，占比 33.2%，6—10 年的企业有 155 家，占比 48.1%。同时，本书以企业的员工人数来衡量企业的规模，统计结果显示，企业规模在 50—100 人的企业数量最多，占比达到 58.7%。从统计数据上看，USO 和 CSO 在企业年龄与规模的分布上并没有较大的差异。相较而言，CSO 样本企业中 200 人以上规模的企业所占比例更小。

表 5 – 1　　　　　样本企业的年龄与规模统计（N = 322）

企业年龄	企业数量	百分比	累计百分比	USO（N = 209）	CSO（N = 113）
5 年及以下	107	33.2%	33.2%	99（47.4%）	42（37.2%）
6—10 年	155	48.1%	81.3%	73（34.9%）	48（42.5%）
11 年及以上	60	18.7%	100%	37（17.7%）	23（20.3%）
企业规模（员工人数）	企业数量	百分比	累计百分比	USO（N = 209）	CSO（N = 113）
50 人及以下	72	22.4%	22.4%	49（23.5%）	23（20.4%）
51—100 人	189	58.7%	81.1%	118（56.5%）	71（62.8%）
101—200 人	34	10.6%	91.7%	22（10.5%）	12（10.6%）
201—400 人	18	5.5%	97.2%	13（6.2%）	5（4.4%）
401 人及以上	9	2.8%	100%	7（3.3%）	2（1.8%）

由于本书聚焦于湖北省学科集群驱动高新技术产业发展的机制，样本企业带有鲜明的湖北省学科集群特色，即以电子信息、光机电一体化、生物技术与新医药、新材料、节能环保和新能源、先进制造等具有湖北省学科特色的支柱产业为代表。对样本企业产业分布的统计结果显示，322 家受访企业中大部分企业集中在电子信息、生物技术与新医药、新材料、先进制造、节能环保和新能源 5 个行业，合计占有效样本企业总数的 83.6%。其中，电子信息产业的企业数量最多，有 97 家，占比 30.2%，其次是新材料产业的企业，有 57 家，占比 17.7%（如表

5－2 所示）。

表 5－2　　　　　样本企业的产业分布统计（N＝322）

行业分布	企业数量	百分比	累计百分比
电子信息	97	30.2%	30.2%
新材料	57	17.7%	47.9%
节能环保和新能源	44	13.7%	61.6%
生物技术与新医药	40	12.3%	73.9%
先进制造	31	9.7%	83.6%
光机电一体化	21	6.6%	90.2%
其他	32	9.8%	100%
总计	322	100%	

　　同时我们也对企业注册时的资本结构进行了调研。统计结果显示，受访企业创立时，个人资金投入在企业创立资本中所占比重最大，173 家企业创立时的资金来源包括个人资金，占比 53.7%；此外，高校、私营企业、国有企业的资金投入也是企业创立资金的重要来源，分别有 23.0%、22.4% 和 18.3% 的企业在创立时包括这三种渠道的资金来源（如表 5－3 所示）。

　　而政府资助、风险投资在受访企业创立资金中所占比重并不高，仅有 5.0% 和 8.4% 的企业在创立时获得了政府资助和风险投资。

表 5－3　　　　　企业创立时的资本来源（N＝322）

资金来源	频次	百分比
高校资金	74	23.0%
政府资金	16	5.0%
风险投资	27	8.4%
个人资金	173	53.7%
国有企业注资	59	18.3%
私营企业注资	72	22.4%
银行贷款	51	15.8%

注：企业创立时注册资本由多种来源构成，因此该题项为多选，百分比之和大于 100%。

第二节　Logistic 回归模型构建

　　基于第四章提出的理论假设，我们认为湖北省高校学科集群所创造知识的创新属性对于高新技术企业的创建机制将产生很大影响，即知识的先进性、隐含性与复杂性在很大程度上决定了该项知识会以 USO 还是 CSO 的形式实现其经济价值。同时，大学及相关学科集群的资源条件与政策引导、技术发明人的学术基础与创业倾向，产业集群环境会显著调节这一过程的有效性。针对基于湖北省学科集群知识溢出的高新技术企业创建机制，本书所提出的假设汇总如表5－4所示。

表5－4　　　　　　　　　企业创建机制研究假设汇总

假设H1：知识特性影响了学科集群知识驱动创建的高新技术企业的创建模式
假设 H1a：知识先进性影响了学科集群知识驱动创建的高新技术企业的创建模式
假设 H1b：知识隐含性影响了学科集群知识驱动创建的高新技术企业的创建模式
假设 H1c：知识复杂性影响了学科集群知识驱动创建的高新技术企业的创建模式
假设H2：技术发明人的学术基础将调节知识特性与高新技术企业创建模式的关系
假设 H2a：技术发明人的学术基础将调节知识先进性与高新技术企业创建模式的关系
假设 H2b：技术发明人的学术基础将调节知识隐含性与高新技术企业创建模式的关系
假设 H2c：技术发明人的学术基础将调节知识复杂性与高新技术企业创建模式的关系
假设H3：技术发明人的创业倾向将调节知识特性与高新技术企业创建模式的关系
假设 H3a：技术发明人的创业倾向将调节知识先进性与高新技术企业创建模式的关系
假设 H3b：技术发明人的创业倾向将调节知识隐含性与高新技术企业创建模式的关系
假设 H3c：技术发明人的创业倾向将调节知识复杂性与高新技术企业创建模式的关系
假设H4：学科集群的资源条件将调节知识特性与高新技术企业创建模式的关系
假设 H4a：学科集群的资源条件将调节知识先进性与高新技术企业创建模式的关系
假设 H4b：学科集群的资源条件将调节知识隐含性与高新技术企业创建模式的关系
假设 H4c：学科集群的资源条件将调节知识复杂性与高新技术企业创建模式的关系
假设H5：学科集群的政策引导将调节知识特性与高新技术企业创建模式的关系
假设 H5a：学科集群的政策引导将调节知识先进性与高新技术企业创建模式的关系
假设 H5b：学科集群的政策引导将调节知识隐含性与高新技术企业创建模式的关系
假设 H5c：学科集群的政策引导将调节知识复杂性与高新技术企业创建模式的关系

续表

假设H6：产业集群环境将调节知识特性与高新技术企业创建模式的关系

    假设 H6a：产业集群环境将调节知识先进性与高新技术企业创建模式的关系

    假设 H6b：产业集群环境将调节知识隐含性与高新技术企业创建模式的关系

    假设 H6c：产业集群环境将调节知识复杂性与高新技术企业创建模式的关系

下面，我们以 Logistic 回归模型对表 5 - 4 中的假设进行检验，基本回归模型可以表示为如下 6 个方程。

$$LogitY_1 = \ln[Y_1/(1-Y_1)] = \alpha_0 + {}_{\alpha_1}Industry + \alpha_2 Progressiveness +$$
$$\alpha_3 Implicity + \alpha_4 Complexity + \varepsilon_0 \qquad (5-1)$$

$$LogitY_2 = \ln[Y_2/(1-Y_2)] = \delta_0 + {}_{\delta_1}Industry + \delta_2 Progressiveness +$$
$$\delta_3 Implicity + \delta_4 Complexity + \delta_5 Acade - F + \delta_6 Acade -$$
$$F(Progressiveness + Implicity + Complexity) + \varepsilon_1 \qquad (5-2)$$

$$LogitY_3 = \ln[Y_3/(1-Y_3)] = \eta_0 + {}_{\eta_1}Industry + \eta_2 Progressiveness +$$
$$\eta_3 Implicity + \eta_4 Complexity + \eta_5 Entre - T + \eta_6 Entre -$$
$$T(Progressiveness + Implicity + Complexity) + \varepsilon_2 \qquad (5-3)$$

$$LogitY_4 = \ln[Y_4/(1-Y_4)] = \beta_0 + {}_{\beta_1}Industry \beta_2 Progressiveness +$$
$$\beta_3 Implicity \beta_4 Complexity + \beta_5 Resou - E + \beta_6 Resou -$$
$$E(Progressiveness + Implicity + Complexity) + \varepsilon_3 \qquad (5-4)$$

$$LogitY_5 = \ln[Y_5/(1-Y_5)] = \gamma_0 + {}_{\gamma_1}Industry + \gamma_2 Progressiveness +$$
$$\gamma_3 Implicity + \gamma_4 Complexity + \gamma_5 Policy - G + \gamma_6 Policy -$$
$$G(Progressiveness + Implicity + Complexity) + \varepsilon_4 \qquad (5-5)$$

$$LogitY_6 = \ln[Y_6/(1-Y_6)] = \lambda_0 + {}_{\lambda_1}Industry + \lambda_2 Progressiveness +$$
$$\lambda_3 Implicity + \lambda_4 Complexity + \lambda_5 Regio - E + \lambda_6 Regio -$$
$$E(Progressiveness + Implicity + Complexity) + \varepsilon_5 \qquad (5-6)$$

其中，$Industry$ 代表控制变量"行业属性"，$Progressiveness$，$Implicity$，$Complexity$ 分别代表知识特性的三个维度，先进性、隐含性和复杂性。式（5-1）用来检验假设 H1；式（5-2）、式（5-3）与式（5-1）的对比结果用来检验假设 H2、H3，即技术发明人的学术基础（Acade - F）、创业倾向（Entre - T）对"知识特性—企业创建模式"关系的调节效应；式（5-4）、式（5-5）与式（5-1）的对比结果用来检验假设

H4、H5，即学科集群的资源条件（Resou‒E）、政策引导（Policy‒G）对"知识特性—企业创建模式"关系的调节效应；式（5‒6）与式（5‒1）的对比结果用来检验假设 H6，产业集群环境（Regio‒E）对"知识特性—企业创建模式"关系的调节效应。

第三节　因子分析与信度效度检验

一　探索性因子分析

本书首先利用 SPSS 15.0 统计软件对测量模型进行探索性因子分析，以确定各潜变量的测量工具及其因子结构。由于我们对各潜变量（知识特性、学科集群、技术发明人、产业集群环境）的测度题项较多，而且这些测度题项之间很容易存在线性相关关系，所以在 Logistic 回归模型分析之前，将首先对各潜变量的多个测度题项进行探索性因子分析，将相关性较强的题项归在同一类中，以较少的因子代替原来较多的测量题项，减少回归分析时变量的数目，从而降低最终模型的复杂性。

变量 1：知识特性

大学所创造知识的"知识特性"的测量问卷包括 3 个题项。KMO 检验结果仅为 0.387，大部分研究认为，KMO 检验结果大于 0.5，才表明数据适合采用因子分析的方法进行处理。因此，以上结果表明"知识特性"的三个测度题项"该项知识（技术）处于行业领先水平"、"该项知识（技术）难以清晰地进行表述"和"该项知识（技术）的理解与应用需要多种能力"并不存在显著的共线性，并不适合通过因子分析的方法进行简化，我们通过"先进性""隐含性""复杂性"三个维度来描述某项知识的特征（如表 5‒5 所示）。

变量 2：学科集群

"学科集群"的测量问卷包括 5 个题项，KMO 检验结果为 0.821，Bartlett 球形检验结果在 0.001 水平上显著，以上结果表明这一变量的对应样本数据呈较好的线性，适合进行因子分析。我们采用正交旋转法、特征根大于 1 的方法，抽取了 2 个公共因子，分别命名为"资源条件"和"政策引导"，各因子载荷值在 0.746—0.904，累计解释总方差的 82.322%（各因子具体的测量题项如表 5‒5 所示）。

变量3：技术发明人

"技术发明人"的测量问卷包括 6 个题项。KMO 检验结果为 0.869，Bartlett 球形检验结果在 0.001 水平上显著，表明数据适合进行因子分析。仍然采用正交旋转法、特征根大于 1 的方法，抽取了 2 个公共因子，分别命名为"学术基础"和"创业倾向"，各因子载荷值在 0.721—0.931，累计解释总方差的 68.434%（各因子具体的测量题项如表 5 – 5 所示）。

Bartlett 球形检验结果在 0.001 水平上显著，数据适合进行因子分析。仍然采用正交旋转法、特征根大于 1 的方法，抽取 1 个公共因子"产业集群环境"，各因子载荷值在 0.678—0.882，累计解释总方差的 71.844%（各因子具体的测量题项如表 5 – 5 所示）。

表 5 – 5　　　　　　　　变量指标体系与因子载荷

变量	维度	因子载荷值	测量指标
行业属性	行业属性		该项知识（技术）应用于何种行业
知识特性	先进性	不存在显著共线性，未进行因子分析	（Know – C1）该项知识（技术）处于行业领先水平
	隐含性		（Know – C2）该项知识（技术）难以被清晰地进行表述
	复杂性		（Know – C3）该项知识（技术）的理解与应用需要运用多种能力
学科集群 KMO = 0.821 Cumulative% = 82.322%	资源条件	0.904	（Resou – E1）具有很高的综合声誉
		0.825	（Resou – E2）具有突出的科研实力
	政策引导	0.869	（Policy – G1）制定明确的奖励政策促进知识转化
		0.811	（Policy – G2）建立专门的实施部门促进知识转化
		0.746	（Policy – G3）主动寻求产业力量促进知识转化

续表

变量	维度	因子载荷值	测量指标
技术发明人 KMO = 0.869 Cumulative% = 68.434%	学术基础	0.931	（Acade - F1）技术发明人具有丰富的科研成果
		0.857	（Acade - F2）技术发明人具有较高的学术地位
		0.812	（Acade - F3）技术发明人具有良好的教育背景
	创业倾向	0.886	（Entre - T1）有强烈的意愿将科研成果产业化
		0.843	（Entre - T2）自己能够完成从学者到管理者的角色转换
		0.721	（Entre - T3）有强烈的意愿挑战自己新的能力
产业集群环境 KMO = 0.886 Cumulative% = 71.844%	产业集群环境	0.882	（Regio - E1）政府设有创新创业基金项目
		0.855	（Regio - E2）具有多渠道的资金提供者
		0.764	（Regio - E3）本地区是创新、有活力的区域
		0.689	（Regio - E4）当地生活质量较高
		0.678	（Regio - E5）良好的基础设施和交通设施
企业创建模式	USO（赋值为1）；CSO（赋值为0）		

二　信度效度检验

为保证研究的科学性与严谨性，我们首先进行同源偏差检验与信度效度检验。

（一）同源偏差检验

在问卷调查时，客观测量题项，如企业的雇员人数、企业年龄等题项一般能够较为真实地反映被调研企业的情况。但由于每份问卷均由同一人填写，主观测量题项，即要求受访者表达自己对某一观点态度的题项，则容易出现同源偏差（CMV）的问题。本书采取 Harman 的单因子检测方法，即将问卷所有条目放在一起做因子分析，在未旋转时得到的第一个主成分所占百分比反映了 CMV 的大小①。本书对问卷中涉及的主观测量题项一起做因子分析，在未旋转时得到的第一个主成分，占到的载荷量是 15.774%，所占比例较小，所以可以认为同源偏差并不严重。

（二）信度检验

信度（Rehability）是指测验结果的一致性、稳定性及可靠性，一般多以内部一致性来表示测验信度的高低。内部一致性是指量表内容与题目之间的关系，考察的是某构念所使用的量表的各个题项是否测量了相同的内容或特质。Likert 态度量表法中常用的信度检验方法为"Cronbach's Alpha"系数，信度系数越高即表示该测验的结果越一致、稳定与可靠。在研究实践中，学者们通常认为信度系数大于 0.7，或至少大于 0.6 才是可靠的（Pcterman & Kennedy，2003；Stearns et al.，1995；Newbert，Kirchhoff & Walsh，2007）。

本书采用 SPSS 15.0 对样本进行信度分析，通过 Cronbach's α 值来反映量表的信度水平。由于调研问卷是针对湖北省学科集群知识驱动创建的高新技术企业的创建与成长的全新问卷，也是首次将学术环境支持要素、产业环境支持要素、企业内部功能系统、企业成长绩效等构念组合在一起进行调研，对于这类问卷，Hatcher 认为信度应大于 0.5。表 5-6 计算了每个潜变量的 Cronbach's α 值。

表 5-6 测量模型的信度检验结果

变量	Cronbach's α	维度	测量指标	AVE
知识特性	Cronbach's α = 0.636		Know – C1	
			Know – C2	
			Know – C3	
学科集群	Cronbach's α = 0.681	资源条件	Resou – E 1	AVE = 0.749
			Resou – E 2	
		政策引导	Policy – G1	AVE = 0.677
			Policy – G2	
			Policy – G3	

① Podsakoff P., Organ D., "Self Reports in Organizational Leader Reward and Punishment Behavior and Research: Problems and Prospects", *Journal of Management*, Vol. 12, No. 4, 1986, p. 538.

续表

变量	Cronbach's α	维度	测量指标	AVE
技术发明人	Cronbach's α = 0.704	学术基础	Acade – F1	AVE = 0.754
			Acade – F2	
			Acade – F3	
		创业倾向	Entre – T1	AVE = 0.672
			Entre – T2	
			Entre – T3	
产业集群环境	Cronbach's α = 0.862	产业集群环境	Regio – E1	AVE = 0.605
			Regio – E2	
			Regio – E3	
			Regio – E4	
			Regio – E5	

结果表明，"知识特性"（Cronbach's α = 0.636）、"学科集群"（Cronbach's α = 0.681）、"技术发明人"（Cronbach's α = 0.704）、"产业集群环境"（Cronbach's α = 0.862）四个构念的测量模型信度 α 值均大于 0.6，说明量表具有良好的信度水平。

（三）效度检验

效度（Validity）即有效性，它是指测量工具或手段能够准确测出所需测量的事物的程度。效度是指所测量到的结果反映所想要考察内容的程度，测量结果与要考察的内容越吻合，则效度越高；反之，则效度越低。

对学科集群知识驱动创建的高新技术企业创建机制测量问卷的效度检验，主要从聚合效度（convergent validity）和区别效度（discriminant validity）两个方面进行考察。

聚合效度（convergent validity）指某一题项所测结果与对同一特征的其他题项测量之间相互关联的程度，即同一因子（潜变量）所包含各指标的相关性程度。探索性因子分析的结果能够较好地反映测量模型的聚合效度，一般要求指标在所测量因子上的因子载荷值大于 0.5。根据表 5 - 5 的检验结果，各潜变量的测量指标的因子载荷值均大于 0.6，表明具有良好的聚合效度。

表5-7

均值、标准差与相关系数（N=322）

变量	Mean	S. D.	1	2	3	4	5	6	7	8	9
1. 行业属性	1.667	0.611	1								
2. 知识特性（先进性）	3.912	0.790	0.076	1							
3. 知识特性（隐含性）	2.788	0.678	0.111*	0.372**	1						
4. 知识特性（复杂性）	3.571	0.772	0.344**	0.297**	0.369**	1					
5. 大学学科集群特征（资源条件）	2.901	0.929	0.297**	0.291**	0.211**	0.119*	1				
6. 大学学科集群特征（政策引导）	2.117	0.803	0.124**	0.044	0.107*	0.035	0.390**	1			
7. 技术发明人特征（学术基础）	3.818	0.904	0.171**	0.201**	0.222**	0.134*	0.183**	0.110*	1		
8. 技术发明人特征（创业倾向）	3.266	0.714	0.052	0.037	0.319**	0.197**	0.03	0.231**	0.263	1	
9. 产业集群环境	3.170	0.827	0.076	0.124*	0.034	0.003	0.161*	0.282*	0.090	0.040	1
10. 企业创生模式	0.649	0.567	0.211**	0.134**	0.291**	0.188**	0.181**	0.075	0.063	0.203**	0.308*

注：$*p < 0.1$；$**p < 0.05$。

区别效度（discriminant validity）反映了因子（潜变量）中每个测量指标的独特性，是指不同特征的测量题项所测结果之间的不相关联的程度。可以通过每个变量的平均变异抽取值（AVE）是否大于变量之间相关系数的平方来判断（Fomell & Larcker，1981）。

AVE 的计算公式为：

$$AVE = (\sum \lambda_i^2)/n,(i = 1,2,\cdots,n)$$

其中，n 为某因子（潜变量）的测试题项数；λ 为因子载荷值。

表 5 - 6 列出了本书所有潜变量的 AVE 值，均大于 0.5，表 5 - 7 列出了各潜变量的均值、标准差和相关系数，对比结果表明各潜变量的 AVE 值大于该潜变量与其他相关潜变量间的相关系数的平方值，说明所采用的测量指标具有良好的区别效度。

由于 Logistic 回归对多元共线性（multicollinearity）敏感，因此首先进行多元共线性检验。由表 5 - 7 结果可知，自变量、调节变量之间的相关性并不强，相关系数均小于 0.4，不存在显著的多重共线性问题，满足 Logistic 回归分析的条件。

为进一步探索湖北省学科集群知识驱动创建的高新技术企业创建机制，本书接下来在相关分析的基础上，采取 Logistic 回归方法对理论模型及假设进行检验。

第四节　数据分析与模型检验

由于本书的因变量"学科集群知识驱动创建的高新技术企业创建模式（1 = USO；0 = CSO）"为二分变量，因此选用 Logistic 回归模型进行检验。实证研究采用 SPSS 15.0 进行，具体分为两个步骤：第一步，利用回归分析研究知识特性对企业创建模式的作用机制；第二步，使用调节回归分析技术（Moderated Regression Anaylsis）来检验学科集群、技术发明人、产业集群环境三个调节变量对"知识特性—企业创建模式"关系的调节效应。

一　知识特性对企业创建模式的直接影响效应

表 5 - 8 显示了知识特性、技术发明人、学科集群、产业集群环境对企业创建模式的直接影响效应分析。结果显示，知识特性的三个维度

中，先进性与隐含性对于企业创建模式有显著的影响效应（回归系数分别为 β = 0.172，Sig. < 0.05；β = 0.341，Sig. < 0.05），即先进性、隐含性较高的知识或技术更倾向于以大学衍生企业（USO）创建的方式完成价值实现，假设 H1a、H1b 得到支持。与预期不符的是，知识的复杂性对于企业以何种组织形式创建并没有显著影响（Sig. > 0.1），假设 H1c 未得到支持。

表 5 - 8　　　　　知识特性对企业创建模式的直接影响（N = 322）

变量	回归系数	标准误差	Sig. 值
行业属性	0.328	0.671	0.031
知识特性（先进性）	0.172	0.462	0.011
知识特性（隐含性）	0.341	0.674	0.029
知识特性（复杂性）	0.074	0.809	0.343
技术发明人（学术基础）	0.007	0.342	0.579
技术发明人（创业倾向）	0.413	0.677	0.004
学科集群（资源条件）	0.211	0.765	0.272
学科集群（政策引导）	0.199	0.799	0.39
产业集群环境	0.131	0.856	0.043
Constant	0.355	0.442	0.017

注：因变量：学科集群知识驱动创建的高新技术企业创建模式（1 = USO；0 = CSO）。

结果显示，在所提出的调节变量中，技术发明人的创业倾向对大学衍生企业创建有显著的直接正向促进作用（β = 0.413，Sig. < 0.01），而产业集群环境的发达程度和创业基础也促进了大学衍生企业的创建（β = 0.131，Sig. < 0.05）。另外，大学与相关学科集群的资源条件、政策引导以及技术发明人的学术基础与因变量的直接相关性均未通过显著性检验（Sig. > 0.1）。

二　调节效应分析

为探索变量间的交互作用，我们进一步研究学科集群、技术发明人与产业集群环境对于"知识特性—企业创建模式"的调节效应。具体分析过程由两个步骤组成：①仅将控制变量与自变量加入回归方程；②将自变量与调节变量的二阶交互项分别加入回归方程。

（一）技术发明人的调节效应分析

表5-9显示了技术发明人的学术基础和创业倾向对于"知识特性—企业创建模式"关系的影响。

表5-9　　　　　　　　　技术发明人的调节效应分析

变量		步骤1	步骤2	步骤3
控制变量	行业属性	0.219*	0.149**	0.233**
自变量	知识特性（先进性）	0.221**	0.107	0.119**
	知识特性（隐含性）	0.404**	0.276**	0.401**
	知识特性（复杂性）	0.093	0.069	0.072
调节变量	技术发明人特征（学术基础）		0.121	
	技术发明人特征（创业倾向）			0.379**
交互项	先进性×学术基础		0.201	
	隐含性×学术基础		0.077	
	复杂性×学术基础		0.101	
	先进性×创业倾向			0.011
	隐含性×创业倾向			0.103
	复杂性×创业倾向			0.092
Constant		0.440*	0.469*	0.521**
N		322	322	322
Model Chi-square		57.716***	85.312*	71.351**

注：①因变量：学科集群知识驱动创建的高新技术企业创建模式（1 = USO；0 = CSO）
②$*p < 0.1$；$**p < 0.05$；$***p < 0.01$。

将各变量的回归系数代入式（5-1）、式（5-2）和式（5-3）可得：

$$LogitY_1 = \ln[Y_1/(1-Y_1)] = 0.440 + 0.219 Industry +$$
$$0.221 Progressiveness + 0.404 Implicity \qquad (5-7)$$

$$LogitY_2 = \ln[Y_2/(1-Y_2)] = 0.469 + 0.149 Industry + 0.276 Implicity$$
$$(5-8)$$

$$LogitY_3 = \ln[Y_3/(1-Y_3)] = 0.521 + 0.233 Industry +$$
$$0.119 Progressiveness + 0.401 Implicity + 0.379 Entre - T$$
$$(5-9)$$

以上 Logistic 回归方程模型的对比结果表明：技术发明人的学术基础和创业倾向对于"知识特性—企业创建模式"关系的调节作用并不显著，与知识特性三个维度（先进性、隐含性、复杂性）的交互项均未通过显著性检验（Sig. 值均大于 0.1），假设 H2、H3 均未得到支持。值得注意的是，技术发明人的创业倾向对于大学衍生企业的创建有显著的直接促进作用。

（二）学科集群的调节效应分析

表 5 - 10 的结果对母体大学的资源条件和政策引导对于"知识特性—企业创建模式"的影响效应进行了检验。

表 5 - 10　　　　　　　　学科集群的调节效应分析

	变量	步骤 1	步骤 2	步骤 3
控制变量	行业属性	0.219 *	0.071	0.207 **
自变量	知识特性（先进性）	0.221 **	0.119 *	0.251 **
	知识特性（隐含性）	0.404 **	0.371 **	0.471 ***
	知识特性（复杂性）	0.093	0.003	0.031
调节变量	学科集群（资源条件）		0.072	
	学科集群（政策引导）			0.178 *
交互项	先进性 × 资源条件		0.031	
	隐含性 × 资源条件		0.279	
	复杂性 × 资源条件		0.032	
	先进性 × 政策引导			0.298 **
	隐含性 × 政策引导			0.401 **
	复杂性 × 政策引导			0.110
	Constant	0.440 *	0.855 *	0.374 *
	N	322	322	322
	Model Chi - square	57.716 ***	99.417 *	63.483 **

注：①因变量：学科集群知识驱动创建的高新技术企业创建模式（1 = USO；0 = CSO）。
② $*p < 0.1$；$**p < 0.05$；$***p < 0.01$。

将各变量的回归系数代入式（5 - 4）和方程式（5 - 5）可得：

$$LogitY_4 = \ln[Y_4/(1 - Y_4)] = 0.855 + 0.119 Progressiveness + 0.371 Implicity$$

$$(5 - 10)$$

$$LogitY_5 = \ln\left[Y_5/(1-Y_5)\right] = 0.374 + 0.207Industry + 0.251Progressiveness$$
$$+ 0.471Implicity + 0.178Policy - G + 0.298Policy - G \times Progres-$$
$$siveness + 0.401Policy - G \times Implicity \qquad (5-11)$$

式（5-10）与式（5-11）表明：在学科集群的两个维度中，①大学资源条件的调节效应并不显著，与知识特性三个维度（先进性、隐含性、复杂性）的交互项均未通过显著性检验（Sig. 值均大于0.1），假设 H4 未得到支持；②政策引导对于"知识特性—企业创建模式"关系的调节效应得到证实，政策引导与知识先进性、知识隐含性的交互项均得到显著性支持（$\beta = 0.298$，Sig. < 0.05；$\beta = 0.401$，Sig. < 0.05），假设 H5a、H5b 得到支持。在加入政策引导这一调节变量后，知识复杂性对于企业创建模式的影响效应仍不显著（Sig. > 0.1），因此假设 H5c 未得到支持。

（三）产业集群环境的调节效应分析

表5-11 显示了产业集群环境对于"知识特性—企业创建模式"关系的影响，结果表明：产业集群环境对于"知识特性—企业创建模式"关系的调节效应得到证实，产业集群环境与知识先进性、知识隐含性的交互项均得到显著性支持（$\beta = 0.355$，Sig. < 0.05；$\beta = 0.477$，Sig. < 0.05），假设 H6a、H6b 均得到支持，而产业集群环境与知识复杂性的交互性仍未通过显著性检验，H6c 未得到显著支持。

将回归系数代入方程式（5-6），可得：

$$LogitY_6 = \ln\left[Y_6/(1-Y_6)\right] = 0.569 + 0.191Industry +$$
$$0.169Progressiveness + 0.422Implicity + 0.244Regio - E +$$
$$0.355Regio - E \times Progressiveness + 0.477Regio - E \times Implicity$$
$$(5-12)$$

与式（5-1）知识特性对企业创建模式的直接影响效应的分析结果进行对比，式（5-12）表明，在加入产业集群环境这一调节变量后，"知识特性—企业创建模式"的作用机制更为显著。

以上回归分析结果表明，学科集群知识驱动创建的高新技术企业的创建模式在很大程度上受到知识本身特性的影响，先进性、隐含性较高的知识更倾向于以大学衍生企业（USO）而非公司衍生企业（CSO）的方式创建，而知识的复杂程度对于该项知识以何种方式溢出并没有显著影响。假设检验的结果如表5-12所示。

表 5 - 11   产业集群环境的调节效应分析

变量		步骤 1	步骤 2
控制变量	行业属性	0.219 *	0.191 *
自变量	知识特性（先进性）	0.221 **	0.169 *
	知识特性（隐含性）	0.404 **	0.422 **
	知识特性（复杂性）	0.093	0.081
调节变量	产业集群环境		0.244 **
交互项	先进性 × 产业集群环境		0.355 **
	隐含性 × 产业集群环境		0.477 **
	复杂性 × 产业集群环境		0.032
Constant		0.440 *	0.569 **
N		322	322
Model Chi - square		57.716 ***	69.621 ***

注：①因变量：学科集群知识驱动创建的高新技术企业创建模式（1 = USO；0 = CSO）。
②$*p < 0.1$；$**p < 0.05$；$***p < 0.01$。

表 5 - 12   假设 H1—H6 检验结果

假设内容	检验结果
假设H1：知识特性影响了学科集群知识驱动创建的高新技术企业的创建模式	
假设 H1a：知识先进性影响了学科集群知识驱动创建的高新技术企业的创建模式	支持
假设 H1b：知识隐含性影响了学科集群知识驱动创建的高新技术企业的创建模式	支持
假设 H1c：知识复杂性影响了学科集群知识驱动创建的高新技术企业的创建模式	不支持
假设H2：技术发明人的学术基础将调节知识特性与高新技术企业创建模式的关系	
假设 H2a：技术发明人的学术基础将调节知识先进性与高新技术企业创建模式的关系	不支持
假设 H2b：技术发明人的学术基础将调节知识隐含性与高新技术企业创建模式的关系	不支持
假设 H2c：技术发明人的学术基础将调节知识复杂性与高新技术企业创建模式的关系	不支持

假设内容	检验结果
假设H3：技术发明人的创业倾向将调节知识特性与高新技术企业创建模式的关系	
假设 H3a：技术发明人的创业倾向将调节知识先进性与高新技术企业创建模式的关系	不支持
假设 H3b：技术发明人的创业倾向将调节知识隐含性与高新技术企业创建模式的关系	不支持
假设 H3c：技术发明人的创业倾向将调节知识复杂性与高新技术企业创建模式的关系	不支持
假设H4：学科集群的资源条件将调节知识特性与高新技术企业创建模式的关系	
假设 H4a：学科集群的资源条件将调节知识先进性与高新技术企业创建模式的关系	不支持
假设 H4b：学科集群的资源条件将调节知识隐含性与高新技术企业创建模式的关系	不支持
假设 H4c：学科集群的资源条件将调节知识复杂性与高新技术企业创建模式的关系	不支持
假设H5：学科集群的政策引导将调节知识特性与高新技术企业创建模式的关系	
假设 H5a：学科集群的政策引导将调节知识先进性与高新技术企业创建模式的关系	支持
假设 H5b：学科集群的政策引导将调节知识隐含性与高新技术企业创建模式的关系	支持
假设 H5c：学科集群的政策引导将调节知识复杂性与高新技术企业创建模式的关系	不支持
假设H6：产业集群环境将调节知识特性与高新技术企业创建模式的关系	支持
假设 H6a：产业集群环境将调节知识先进性与高新技术企业创建模式的关系	支持
假设 H6b：产业集群环境将调节知识隐含性与高新技术企业创建模式的关系	不支持
假设 H6c：产业集群环境将调节知识复杂性与高新技术企业创建模式的关系	

　　检验结果也表明，学科集群、技术发明人与产业集群环境作为知识溢出的重要影响因素，均作用于大学的知识溢出过程，影响了衍生企业利用知识机会的能力和方式。其中，技术发明人作为知识的创造者，对"知识特性—企业创建模式"关系并没有显著的调节效应，但其创业倾

向直接促进了大学衍生企业的创建；学科集群的政策引导正向调节了"知识特性—大学衍生企业创建"的关系，而大学的资源条件并没有产生显著影响；产业集群环境决定了高新技术企业创建过程中各种创业资源的可得性，因此也制约了企业的创建模式，在产业集群环境较为完善的地区，先进性高、隐含性高的知识更可能促进大学衍生企业的创建，知识的复杂程度仍然对企业创建方式没有显著影响。

第五节　结果讨论

本章基于知识溢出型创业理论的全新视角，探索湖北省学科集群所创造知识的知识特性对高新技术企业创建模式的作用机理，从知识特性这一源头分析基于学科集群知识溢出的企业创建机制。在本章中，我们将 USO 与 CSO 看作可相互替代的两种有效的大学知识溢出型创业机制，着重分析了不同特性的知识对于企业创建模式的影响，即何种特性的知识更倾向于以 USO（或 CSO）的方式溢出，同时也分析了个人层面、组织层面、环境层面的关键影响要素——技术发明人、学科集群、产业集群环境对于这类企业创建模式的影响效应。

根据 Logistic 回归分析结果，我们得出以下四个重要结论。

第一，学科集群知识驱动创建的高新技术企业在创建过程中受到知识创新的驱动，因此，企业的创建模式在很大程度上受到知识特性的制约。研究发现，高先进性、高隐含性的知识更倾向于促进 USO 的创建，相较而言，先进性、隐含性较低的知识更可能以 CSO 的方式完成商业化进程。这一结果可以理解为，对于大学所创造的某些创新性、先进性较高的知识，基于对产权或技术秘密的保护，大学自行创办衍生企业来转化这些知识是一种策略性的选择，以保持技术的独立性和领先性。同时，隐含性较高的知识在其商业化过程中极大地依赖于知识创造者，难以便利地转移到产业中，这一因素也导致隐含性高的知识更可能促进大学衍生企业而非公司衍生企业的创建。由此可以推断，大学衍生企业的创建往往是创新驱动的，而不是价值驱动的。

第二，技术发明人作为知识的创造者，对于知识的发展趋势与革新方向有着清晰的把握，但是他们通常会缺乏从事产业化活动的经验和必要技能，而且还会面临着学术角色与商业角色的冲突与权衡。研究结果显示，技术发明人的学术地位与知识商业化的组织形式并没有形成对应关系，但是，技术发明人的创业倾向直接促进了大学衍生企业的创建。合理的解释是技术发明人的技术优势和学者身份使许多技术发明人参与企业的目的是科研成果转化而非商业价值，再加上创业不成功依然有学校这条退路会导致他们缺乏必要的毅力。这种意愿导致技术发明人更关注该技术的应用能力与未来的革新方向，而并不愿意直接参与到企业的经营管理事务中。只有当技术发明人具有强烈的创业意愿，并认为自己能够完成从学者到管理者的角色转换时，才会作为企业家主导大学衍生企业的创建。

第三，大学及相关学科集群的资源条件对于知识是以大学衍生企业还是公司衍生企业的方式完成价值实现并没有影响，但大学的政策引导有效调节了知识特性对企业创建模式的作用机制。因此，我们认为，学科集群为衍生企业提供战略引导，商业角色支持、产业合作平台构建等政策支持，是促进大学衍生企业创建的关键要素。如果大学没有清晰的制度或机构来鼓励和支持创业活动，学科集群所创造的知识则更可能向外部溢出，促进公司衍生企业的形成。

第四，由于学科集群知识驱动创建的高新技术企业是典型的技术型新创企业，本身所拥有的资源和能力比较匮乏。尤其是对于大学衍生企业而言，不但相对于产业企业在商业资源与能力上处于弱势，而且大学或学者直接参与企业活动本身就遭到一定质疑。因此，从外部环境中获得和整合关键性资源以及宽松的创业氛围是保证企业成功创建的必要条件。研究结果也支持了这一观点，产业集群环境对于"知识特性—企业创建模式"有显著的调节效应，在产业集群环境良好的地区，先进性、隐含性高的知识更可能由大学或技术发明人主导创建大学衍生企业。可能的原因是这些区域的市场成熟度高、资金渠道多样化、创业氛围浓厚，同时产业组织与学术组织也存在着紧密的联系，这些要素的综合效应能够帮助大学衍生企业克服创立初期的资源匮乏问题，进而促进了企业的有效创建。

第六节　本章小结

　　本章首先通过因子分析对问卷中所用量表进行了信度效度检验，接下来运用 Logistic 回归分析方法对第四章提出的学科集群知识驱动创建的高新技术企业创建机制模型进行了检验。研究发现，知识本身的特性对于企业创建模式会产生重要影响，高先进性、高隐含性的知识更倾向于促进大学衍生企业的创建，相较而言，先进性、隐含性较低的知识更可能以公司衍生企业的方式创建，而知识的复杂性并没有显著效应。

　　在这一创业进程中，技术发明人的创业倾向、学科集群的政策引导以及产业集群环境均作用于企业的创建模式，但作用的方式有所差异，技术发明人的创业倾向直接促进了大学衍生企业的创建，而大学的政策支持和产业集群环境有效调节了知识特性对企业创建模式的作用机制。

第六章 湖北省学科集群驱动的高新技术企业集群化成长机制

第五章对湖北省学科集群知识驱动创建的高新技术企业的创建机制进行了探讨，研究发现，大学所创造知识的特性在很大程度上决定了知识溢出的创业模式，即不同特性的知识促进不同创建属性的衍生企业——USO 或 CSO——创建。同时，在这一基于知识溢出的创业过程中，学科集群、技术发明人、产业集群环境等关键要素也产生了影响。接下来，本书将进一步运用结构方程模型的实证检验方法，来描述和分析两类不同创建属性的衍生企业（USO 和 CSO）的成长机制，着重探索在企业的成长进程中，学科集群与产业集群环境中的支持主体所提供的支持要素如何与企业自身的内部功能相耦合，进而促进企业成长。

本章首先通过探索性因子分析与验证性因子分析相结合的方法检验并确定合理的测量模型；其次进行信度效度分析，以验证问卷的可靠性和有效性；最后对第四章所提出企业成长机制的理论模型进行实证检验和分析。

第一节 测量模型及其有效性检验

在对假设进行验证之前，需要首先对测量模型的合理性进行检验。本节将通过探索性因子分析（Exploratory Factor Analysis，EFA）和验证性因子分析（Confirmatory Factor Analysis，CFA）对测量模型的有效性进行评估（Byrne，1998）。具体操作分为两个步骤：第一步，通过 EFA 分析确认测量模型的因子结构（factor structure），即通过测量模型中众多变量之间的内部依赖关系，探求观测数据中的基本结构，建立问卷的建构效度；第二步，通过 CFA 检验测量变量与潜变量之间的关系。

在实际运用中，探索性因子分析与验证性因子分析是研究过程的两个阶段，两者结合运用能够使研究更有深度。一般来说，对于测量模型是否合理科学的检验，应该先用探索性因子分析产生一个关于内部结构的理论，再在此基础上用验证性因子分析进行验证，但以上两个步骤必须采用不同的数据集进行。目前，比较公认的做法是将所得到的样本数一分为二，以一半的样本数来使用 EFA 方法产生因子结构，另一半样本采用 CFA 方法来进行模型的正式比较。本书也采取这一分析方法，将 322 份有效样本分为两份，先以 161 份样本进行探索性因子分析，建立所使用测量模型的建构效度，具体操作通过 SPSS 15.0 软件实现。然后以另外 161 份样本进行验证性因子分析，检验所提出的测量模型的适切性与真实性，具体操作通过 AMOS 7.0 软件实现。同时，在以上分析过程中，坚持理论驱动而不是数据驱动的修改原则，从而获得较好的理论有效性。

一　探索性因子分析

作者首先利用 SPSS 15.0 统计软件对测量模型进行探索性因子分析，以确定各潜变量的测量工具及其因子结构。在探索性因子分析的过程中，作者剔除了因子载荷值较低的测量题项，最终各潜变量的测量题项如表 6 - 1 所示。

变量 1：学科集群支持

学科集群支持要素的测量问卷包括 7 个题项。KMO 检验结果为 0.817，Bartlett 球形检验结果在 0.001 水平上显著。因此，"母体大学支持要素"的对应样本数据呈较好的线性，适合进行因子分析。作者采用正交旋转法、特征根大于 1 的方法抽取公共因子，共抽取了 3 个公共因子，参照 Einar Rasmussen 等（2010）所提出的理论框架，将三个因子分别命名为"路径引导""资源整合""角色平衡"，各因子载荷值在 0.608—0.886，累计解释总方差的 75.664%（各因子具体的测量题项如表 6 - 1 所示）。

变量 2：技术发明人支持

技术发明人支持要素的初始测量问卷包括 5 个题项。但是因子分析结果表明有 1 个题项质量不佳，主要是因为这个题项在两个因子上的负荷都大于 0.4，并且在因素解释的科学性方面也不恰当，因此将该题项删除，最终保留 4 个题项来测度技术发明人对高新技术企业成长的支持效应，并按照同样的方法与步骤进行因子分析。KMO 检验结果为 0.773，Bartlett 球形检验结果在 0.001 水平上显著，仍然采用正交旋转法、特征根大于 1 的方法，抽取了 2 个公共因子，分别命名为"创新支持"和"管理支持"，各因子载荷值在 0.757—0.964，累计解释总方差的 81.158%（各因子具体的测量题项如表 6 - 1 所示）。

变量 3：产业环境支持

产业环境支持要素的测量问卷包括 9 个题项。KMO 检验结果为 0.902，Bartlett 球形检验结果在 0.001 水平上显著，表明数据适合进行因子分析。仍然采用正交旋转法、特征根大于 1 的方法，抽取了 2 个公共因子，分别命名为"运营环境"和"产业集群环境"，各因子载荷值在 0.650—0.854，累计解释总方差的 64.361%（各因子具体的测量题项如表 6 - 1 所示）。

变量 4：企业内部功能系统

企业内部功能系统的测量问卷包括 7 个题项。KMO 检验结果为 0.693，Bartlett 球形检验结果在 0.001 水平上显著，数据适合进行因子分析。仍然采用正交旋转法、特征根大于 1 的方法，抽取了 2 个公共因子。根据测量题项的内容，分别命名为"创新功能"和"组织功能"，各因子载荷值在 0.639—0.834，累计解释总方差的 59.766%（各因子具体的测量题项如表 6 - 1 所示）。

变量 5：企业成长绩效

企业成长绩效的初始测量问卷包括 5 个题项。但由于有 1 个题项在两个因子上的负荷都大于 0.4，故将其删除，最终以 4 个题项来测度高新技术企业的成长绩效。KMO 检验结果为 0.637，Bartlett 球形检验结果在 0.001 水平上显著，数据适合进行因子分析。仍然采用正交旋转法、特征根大于 1 的方法，抽取了 2 个公共因子，分别命名为"静态成长绩效"和"动态成长绩效"，各因子载荷值在 0.859—0.916，累计解释总方差的 79.659%（各因子具体的测量题项如表 6 - 1 所示）。

表 6 - 1   测量模型与测量题项

变量	维度	因子载荷值	测量指标
学科集群支持 KMO = 0.817 Cumulative % = 75.664%	路径引导	0.886	（Path - C1）为企业提供品牌支持
		0.671	（Path - C2）为企业提供战略引导
		0.608	（Path - C3）为企业提供关系资源
	资源整合	0.872	（Resou - I1）为企业提供资金
		0.750	（Resou - I2）为企业提供场地与设备
	角色平衡	0.865	（Role - B1）支持技术向衍生企业转移
		0.720	（Role - B2）支持大学雇员参与衍生企业经营
技术发明人支持 KMO = 0.773 Cumulative % = 81.158%	创新支持	0.964	（Innov - S1）技术发明人有利于企业的技术创新
	管理支持	0.878	（Manag - S1）技术发明人有利于企业关系网络建立
		0.852	（Manag - S2）技术发明人有利于企业治理结构完善
		0.757	（Manag - S3）技术发明人有利于把握企业发展方向
产业环境支持 KMO = 0.902 Cumulative % = 64.361%	运营环境	0.854	（Opera - E1）与研发合作伙伴联系密切
		0.708	（Opera - E2）相关人才丰富
		0.659	（Opera - E3）市场需求旺盛
		0.653	（Opera - E4）与生产、销售合作伙伴联系密切
	产业集群环境	0.843	（Regio - E1）政府设有专项创新创业基金项目
		0.816	（Regio - E2）多渠道的资金提供者
		0.708	（Regio - E3）本地区是创新、有活力的区域
		0.661	（Regio - E4）当地生活质量较高
		0.650	（Regio - E5）良好的基础设施和交通设施

续表

变量	维度	因子 载荷值	测量指标
企业内部功能系统 KMO = 0.693 Cumulative % = 59.766%	创新功能	0.834	（Innov - F1）企业在近三年有许多新产品（服务）线上马
		0.819	（Innov - F2）企业的新产品（服务）大多是大幅度的创新
		0.639	（Innov - F3）企业非常强调研发、技术领先和创新
	组织功能	0.804	（Organ - F1）企业有很强的凝聚力
		0.783	（Organ - F2）企业的发展战略明确
		0.765	（Organ - F3）企业的治理结构清晰
		0.673	（Organ - F4）产品的销售应用渠道通畅
企业成长绩效 KMO = 0.637 Cumulative % = 79.659%	静态成长绩效	0.916	（Static - P1）企业规模
		0.909	（Static - P2）企业近三年的年均销售利润率
	动态成长绩效	0.864	（Dynam - P1）企业的销售收入增长率
		0.859	（Dynam - P2）企业的知识产权数增长率

二　验证性因子分析

为了检验各潜变量的测量模型构建的合理性，我们需要进一步探究测量模型的因子结构是否与实际收集的数据相契合，即测量题项是否可以有效作为因子构念（潜变量）的测量变量，因此有必要通过验证性因子分析来评估测量模型的拟合情况。

在评价测量模型与数据的拟合程度时，主要观察标准误、T 值、标准化残差、修正指数和一系列拟合优度统计量（Joreskog & Sorbom，1993）。为验证模型的合理性和有效性，学者提出了多种拟合指数可供评价和选择模型。在结构方程模型的具体应用中，包含了三类拟合指数，即绝对适配度指数、增值适配度指数和简约适配度指数。尽管 A-MOS 7.0 软件提供了多种不同的结构方程模型评价指数，但不同的指数得到的结果往往趋近一致，因此仅需要选取部分指标对结构方程模型的拟合程度进行验证。

参照已有学者的研究结果（Hu & Bentler，1998，1999；邱浩政，2009）与本书的研究需要，我们选择 χ^2/df、RMSEA、CFI、GFI、NFI、IFI、TLI、PCFI 八个常用的拟合指数对模型进行评估，以上指数涵盖了三类拟合指数，因此能够较为真实地反映结构方程模型的拟合程度。在这些指数中，RMSEA 低于 0.1 表示好的拟合，低于 0.05 表示非常好的拟合水平[1]。CFI、GFI、NFI、IFI 和 TLI 这几项指标高于 0.9 时，表明模型具有较好的拟合效果；在 0.8—0.9 时，表明模型的拟合效果可以接受[2]。而 PCFI 的指标大于 0.5 时，通常表示较好的拟合水平。

验证性因子分析的拟合结果如表 6-2 所示，"学科集群支持""技术发明人支持""产业环境支持""企业内部功能系统"和"企业成长绩效"5 个测量模型基本上达到模型的可接受程度，说明模型与数据拟合良好。

表 6-2　　　　　　　　　　　验证性因子分析拟合指标

	χ^2/df	RMSEA	CFI	GFI	NFI	IFI	TLI	PCFI
学科集群支持	2.551	0.066	0.919	0.938	0.869	0.903	0.887	0.571
技术发明人支持	1.850	0.074	0.925	0.967	0.913	0.927	0.875	0.508
产业环境支持	1.874	0.078	0.964	0.939	0.927	0.965	0.950	0.696
企业内部功能系统	1.902	0.075	0.945	0.957	0.895	0.947	0.912	0.585
企业成长绩效	2.466	0.086	0.974	0.976	0.957	0.974	0.934	0.511

第二节　信度效度检验

与第五章中的信度效度检验类似，我们仍然通过同源偏差检验、信度检验、效度检验来考察测量模型的有效性，以及与数据的拟合程度。

---

[1] Steiger J. H.，"Structure Model Evaluation and Modification：An Interval Estimation Approach"，*Multivariate Behavioral Research*，Vol. 25，No. 3，1990，pp. 178 – 179.

[2] Bender P. M.，Bonett D. G.，"Significance Tests and Goodness of Fit in The Analysis of Covariance Structures"，*Psychological Bulletin*，Vol. 88，No. 9，1980，p. 589.

一　同源偏差检验

我们仍采取 Harman 的单因子检测方法，将问卷中涉及的主观测量题项一起做因子分析，在未旋转时得到的第一个主成分所占载荷量是19.865%，可以认为同源偏差并不严重。

二　信度检验

本书对学科集群知识驱动创建的高新技术企业的成长机制进行分析时，所使用的问卷题项大部分也为 Likert 态度量表，因此对信度（Rehability）的检验我们仍采用"Cronbach's Alpha"系数，信度系数 Cronbach's α 大于 0.7 表示该测量模型具有较好的信度水平。表 6-3 计算了每个潜变量的 Cronbach's α 值，结果表明，"学科集群支持"（Cronbach's α = 0.802）、"技术发明人支持"（Cronbach's α = 0.758）、"产业环境支持"（Cronbach's α = 0.884）、"企业内部功能系统"（Cronbach's α = 0.704）和"企业成长绩效"（Cronbach's α = 0.710）五个构念的测量模型信度系数 Cronbach's α 值均大于 0.7，说明测量模型具有良好的信度水平。

表 6-3　　　　　　　　　测量模型的信度检验结果

变量	Cronbach's α	维度	测量指标	AVE
学科集群支持	Cronbach's α = 0.802	路径引导	Path – C1 Path – C2 Path – C3	AVE = 0.535
		资源整合	Resou – I1 Resou – I2	AVE = 0.661
		角色平衡	Role – B1 Role – B2	AVE = 0.633
技术发明人支持	Cronbach's α = 0.758	创新支持	Innov – S1	AVE = 0.929
		管理支持	Manag – S1 Manag – S2 Manag – S3	AVE = 0.690

变量	Cronbach's α	维度	测量指标	AVE
产业环境支持	Cronbach's α = 0.884	运营环境	Opera – E1 Opera – E2 Opera – E3 Opera – E4	AVE = 0.523
		产业集群环境	Regio – E1 Regio – E2 Regio – E3 Regio – E4 Regio – E5	AVE = 0.547
企业内部功能系统	Cronbach's α = 0.704	创新功能	Innov – F1 Innov – F2 Innov – F3	AVE = 0.592
		组织功能	Organ – F1 Organ – F2 Organ – F3 Organ – F4	AVE = 0.574
企业成长绩效	Cronbach's α = 0.710	静态成长绩效	Static – P1 Static – P2	AVE = 0.833
		动态成长绩效	Dynam – P1 Dynam – P2	AVE = 0.742

三 效度检验

由于对学科集群知识驱动创建的高新技术企业成长机制的检验，每个变量涉及多个测量指标，因此我们对效度的检验除了聚合效度（convergent validity）和区别效度（discriminant validity），还增加了单一构面性（uni‐dimensionality）的检验。

首先，单一构面性（uni‐dimensionality）指测量模型中任何一个题项只由某一个潜变量表示，而与其他潜变量无关。单一构面性可以通过探索性因子分析或验证性因子分析加以检验。Anderson 和 Gerbing（1988）

均值、标准差与相关系数（N=322）

表6—4

变量	Mean	S.D.	1	2	3	4	5	6	7	8	9	10
1. 路径引导	3.461	0.837	1									
2. 资源整合	3.179	0.904	0.487**	1								
3. 角色平衡	3.969	0.835	0.469**	0.447**	1							
4. 创新支持	4.342	0.832	0.091	0.084	0.264**	1						
5. 管理支持	3.504	0.904	0.366**	0.282**	0.186**	0.416**	1					
6. 运营环境	3.578	0.767	0.421**	0.353**	0.403**	0.271**	0.262**	1				
7. 产业集群环境	3.412	0.874	0.372**	0.280**	0.283**	0.214**	0.301**	0.648**	1			
8. 创新功能	3.729	0.808	0.226**	0.146**	0.272**	0.328**	0.183**	0.291**	0.367**	1		
9. 组织功能	3.93	0.748	0.503**	0.286**	0.439**	0.234**	0.365**	0.424**	0.371**	0.225**	1	
10. 静态成长绩效	3.329	0.788	0.287**	0.201**	0.468**	0.422**	0.274**	0.390**	0.297**	0.301**	0.522**	1
11. 动态成长绩效	2.855	0.954	0.063	0.086	0.117*	0.034	0.019	0.067	0.07	0.126*	0.077	0.1

注：$*p<0.05$；$**p<0.01$。

证明，验证性因子分析能够更好地评价单一构面性。因此，上述验证性因子分析结果显示测量模型具有较好的总体拟合度，同时已经隐含验证了单一构面性。

其次，聚合效度（convergent validity）通过因子载荷值来反映。表6-1的结果表明，所有测量指标的因子载荷值均大于0.6，具有良好的聚合效度。

最后，区别效度（discriminant validity）的检验通过比较 AVE 值与各潜变量的相关系数值进行。表6-3列出了本书所有潜变量的 AVE 值，表6-4列出了各潜变量的均值、标准差和相关系数，对比结果表明，各潜变量的 AVE 值大于该潜变量与其他相关潜变量间的相关系数的平方值，说明所采用的测量指标具有良好的区别效度。

第三节　数据分析与模型检验

本节以 AMOS 7.0 为主要分析工具，采取结构方程模型的方法对所提出的理论模型和相关假设进行检验。在结构方程模型评估和修正过程中，遵循以下两点原则：第一，理论驱动修改原则。模型拟合过程中，AMOS 7.0 软件会从统计角度提供模型调整指标（modification indices），为模型修正提供建议。但一些学者指出，任何对模型的修正都必须从理论或者实践出发，而不能以数据驱动修改。第二，简洁原则。在进行模型评估的过程中，对于均通过拟合标准检验的模型，尽量选择较简洁的模型，即选择卡方值（χ^2）相对较低而自由度（df）相对较高的模型。

与前文验证性因子分析时所使用的拟合指数一致，我们在对理论模型进行检验时，参照已有学者的研究结果（Hu & Bentler，1998，1999；邱浩政，2009），选择 χ^2/df、RMSEA、CFI、GFI、NFI、IFI、TLI、PCFI 八个常用的拟合指数对模型进行评估。表6-5列出了本书所使用的模型评价指标及其适配标准。

一　外生成长机制：外部环境驱动系统的影响机制

我们首先探索外部环境驱动系统对学科集群知识驱动创建的高新技术企业的功能系统与成长绩效的直接作用机制，即分别分析学术环境支持要素与产业环境支持要素对于企业内部功能系统与企业成长绩效的直

接影响。出于简洁原则，我们对模型进行了修正，具体的做法是：从众
多路径中选择估计参数最不显著的那条路径加以删除，从而得到原模型
的一个嵌套模型，然后观察嵌套模型相对于原模型的 χ^2 增加值在统计
上是否显著，如果差异不显著，则表明对原模型的修正是合适的，我们
以该嵌套模型作为新的原模型，重复进行以上测试工作，直至嵌套模型
相对于原模型的 χ^2 增加值在统计上变得显著[①]，表明已经将模型调整到
最优状态。

表 6 - 5　　　　　　　　　　结构方程模型主要评价指标

指标名称与性质	范围	适配的标准或临界值
绝对适配度指数		
RMSEA	0—1	<0.10（0.05 为佳）
GFI	0—1	>0.90（>0.80 尚可）
增值适配度指数		
NFI	0—1	>0.90（>0.80 尚可）
IFI	0—1	>0.90（>0.80 尚可）
TLI	0—1	>0.90（>0.80 尚可）
CFI	0—1	>0.90（>0.80 尚可）
简约适配度指数		
χ^2/df	>0	<3（<5 尚可）
PCFI	0—1	>0.50

（一）外部环境驱动系统对企业绩效的直接影响

外部环境驱动系统对企业绩效的直接作用方式如图 6 - 1 所示（为
使各潜变量之间的作用方式更为清晰，仅绘制各潜变量之间的作用路径
和影响效应，而省略观测变量，下同）。各项拟合指标如表 6 - 6 所示，
基本达到模型可接受程度值，表明按照上述步骤修正后的模型与数据能
够较好地拟合。

---

① 文东华、潘飞、陈世敏：《环境不确定性、二元管理控制系统与企业业绩实证研
究——基于权变理论的视角》，《管理世界》2009 年第 10 期。

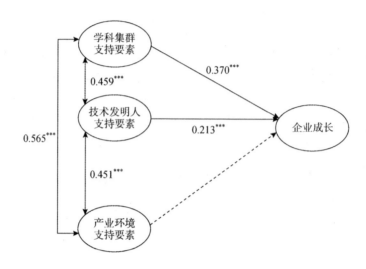

图6-1 外部环境驱动系统对企业成长绩效的直接影响（N=322）

注：$*p<0.05$；$**p<0.01$；$***p<0.001$。

由图6-1可知，学术环境提供的支持要素对学科集群知识驱动创建的高新技术企业的成长绩效表现为显著的正向影响，学科集群与技术发明人所提供的支持要素均对企业成长绩效有直接的促进作用，假设H7、H8通过检验（路径系数分别为$\beta=0.370$，$p<0.001$；$\beta=0.213$，$p<0.001$）；然而，与预期不符的是，产业环境未对企业成长绩效产生直接影响，假设H9未通过显著性检验，即区域基础环境和产业利益相关者所提供的支持并不能直接促进这类科技企业的有效成长。

同时，模型的结果表明，学术环境与产业环境为学科集群知识驱动创建的高新技术企业提供的支持要素之间存在较强的相关性，学科集群支持要素与技术发明人支持要素之间的相关系数为0.459（$p<0.001$），假设H10a获得支持；技术发明人支持要素与产业环境支持要素之间的相关系数为0.451（$p<0.001$），假设H10b获得支持；学科集群支持要素与产业环境支持要素之间的相关系数为0.565（$p<0.001$），假设H10c获得支持。

（二）外部环境驱动系统对企业内部功能系统的直接影响

接下来，我们进一步探索学科集群知识驱动创建的高新技术企业的外部环境驱动系统对企业内部功能系统的作用方式。图6-2显示了已删除不显著路径的修正后的拟合模型，各项拟合指标如表6-6所示，达到模型可接受程度值。

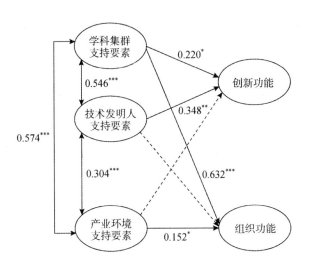

图6-2　外部环境驱动系统对企业内部功能系统的直接影响（N=322）
注：$*p<0.05$；$**p<0.01$；$***p<0.001$。

图6-2的研究结果显示，在企业的外部环境驱动系统中，学科集群支持要素对于企业的创新功能与组织功能都有积极影响，影响效应分别为0.220（$p<0.05$）和0.632（$p<0.001$）。而技术发明人支持要素主要对企业的创新功能产生影响（$\beta=0.348$，$p<0.01$），对组织功能的作用并不显著，产业环境支持要素与技术发明人支持要素的作用方式恰恰相反，仅对企业的组织功能系统有积极作用（$\beta=0.152$，$p<0.05$）。

表6-6　外部环境驱动系统对企业成长影响机制的拟合指数

拟合指数	χ^2/df	RMSEA	CFI	GFI	NFI	IFI	TLI	PCFI
环境驱动系统→成长绩效	2.768	0.083	0.954	0.940	0.903	0.896	0.913	0.705
环境驱动系统→内部功能系统	2.193	0.073	0.904	0.917	0.890	0.885	0.908	0.727

二　内生成长机制：内部功能系统的影响机制

为明确企业的内部成长机制，我们接下来检验企业内部功能系统对于企业成长绩效的直接影响机制，即检验创新功能系统与组织功能系统对高新技术企业成长绩效的直接影响。修正后的模型如图 6-3 所示，各项拟合指标如表 6-7 所示。企业的创新功能与组织功能对于企业成长绩效均有显著的促进作用（路径系数分别为 $\beta = 0.261$，$p < 0.01$；$\beta = 0.568$，$p < 0.001$），并且，企业内部功能系统的两个子系统中，创新功能对于组织功能有积极的促进作用（$\beta = 0.310$，$p < 0.001$），但组织功能对于创新功能的促进效应却并不显著。

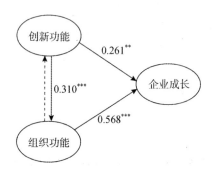

图 6-3 企业内部功能系统对企业成长绩效的直接影响（N = 322）

注：$*p < 0.05$；$**p < 0.01$；$***p < 0.001$。

表 6-7 企业内部功能系统对企业成长绩效影响机制的拟合指数

拟合指数	χ^2/df	RMSEA	CFI	GFI	NFI	IFI	TLI	PCFI
内部功能系统→成长绩效	2.229	0.062	0.950	0.964	0.915	0.951	0.925	0.633

三 成长机制：环境驱动系统与企业功能系统的耦合效应

接下来，我们将企业的内部功能系统变量加入模型，进一步探索学科集群知识驱动创建的高新技术企业的内外部耦合成长机制，即企业的内部功能系统吸收、整合、利用外部环境系统中各支持主体所提供的成长资源，并最终转化为企业的成长绩效。

同时，我们也通过以上模型验证了企业的内部功能系统对于"外部环境驱动系统→成长绩效"关系的中介作用，即是否存在"外部环境驱动系统→内部功能系统→成长绩效"的成长机制。按照 Baron 和 Kenny（1986）建议的方法，企业内部功能系统在环境驱动系统与企业成长绩效的关系中起中介作用必须满足四个条件：①环境驱动系统与企业成长绩效必须显著相关；②环境驱动系统与企业内部功能系统必须显著相关；③企业内部功能系统与企业成长绩效必须显著相关；④当企业功能系统进入环境驱动系统与企业成长绩效的关系分析中，环境驱动系统与企业成长绩效的关系消失或减弱。如果环境驱动系统与企业成长绩效的关系完全消失，则称企业功能系统起到完全中介作用；如果环境驱动系统与企业成长绩效依然显著相关，但关系显著减弱，则称企业功能系统起到部分中介作用。

　　我们仍然以简约原则对模型进行修正，删除不显著的路径，最终的修正模型如图 6 - 4 所示，拟合指标如表 6 - 8 所示。最终的模型与数据能够较好地拟合。

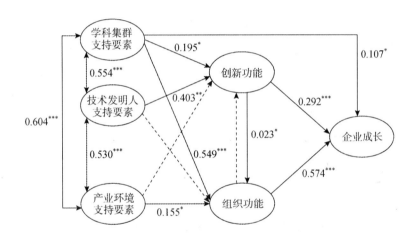

图 6 - 4　学科集群知识驱动创建的高新技术企业成长机制模型（N = 322）

注：＊p < 0.05；＊＊p < 0.01；＊＊＊p < 0.001。

表 6 - 8　　　　　学科集群知识驱动创建的高新技术企业成长

机制的拟合指数

拟合指数	χ^2/df	RMSEA	CFI	GFI	NFI	IFI	TLI	PCFI
检验结果	2.723	0.071	0.930	0.936	0.881	0.932	0.903	0.648

　　从图 6 - 4 可以看出，外部环境驱动系统中，学术环境与产业环境支持要素对于企业的内部功能系统的两个子系统，创新功能系统与组织功能系统的作用方式存在差异。学术环境中，学科集群支持要素对企业

的创新功能与组织功能均有显著的促进作用（路径系数分别为 $\beta = 0.195$，$p < 0.05$；$\beta = 0.549$，$p < 0.001$），假设 H13a、H13b 得到支持；技术发明人支持要素仅对企业的创新功能有显著的促进效应（$\beta = 0.403$，$p < 0.01$），假设 H14a 得到支持。而产业环境中，产业环境支持要素仅对企业的组织功能有积极的促进作用（$\beta = 0.155$，$p < 0.05$），假设 H15b 得到支持。企业的内部功能系统中，创新功能对于组织功能的积极影响得到证实，但影响程度较弱，路径系数 β 仅为 0.023（$p < 0.05$），假设 H12a 成立，同时，企业功能系统对于成长绩效的积极效应也通过检验，创新功能与组织功能的提升均能够显著促进企业成长（路径系数分别为 $\beta = 0.292$，$p < 0.001$；$\beta = 0.574$，$p < 0.001$），假设 H11a、H11b 得到支持。

通过综合比较图 6-1、图 6-2、图 6-3、图 6-4 四个模型的结果，我们进一步分析企业功能系统对于外部环境驱动系统和企业成长绩效关系的中介作用。图 6-1 的结果表明，学术环境中的支持要素对于企业成长绩效有显著的促进作用，而产业环境支持要素对企业成长绩效并没有直接影响。因此，按照 Baron 和 Kenny 的建议，接下来着重分析企业内部功能系统对于"外部环境驱动系统→企业成长绩效"的中介效应。

研究结果表明，企业内部功能系统对于学术环境下两种支持要素的驱动效应所起到的中介作用并不相同。企业内部功能系统对于学科集群支持要素与企业成长绩效的关系起到部分中介作用，学科集群支持要素对于企业成长绩效的直接影响减弱，直接影响效应仅为 0.107，同时学科集群支持要素以创新功能与组织功能两种企业内部功能系统为中介对企业成长绩效产生间接影响，两种路径的间接影响效应分别为 0.057（以创新功能系统为中介，0.195×0.292）和 0.315（以组织功能系统为中介，0.549×0.574）；而企业创新功能系统对于技术发明人支持要素与企业成长绩效的关系起到完全中介作用，也就是说，技术发明人对于企业成长绩效的积极贡献是通过促进企业创新功能水平的提升来实现的，这一路径的间接效应为 0.118（0.403×0.292），假设 H16a、H16b 得到支持。

另外，从模型中可以看出，尽管产业环境支持要素对于企业的成长绩效没有直接的促进作用，但当我们将企业内部功能系统变量加入模型后，产业环境支持要素能够通过"产业环境支持要素→组织功能→企业成长"的路径来影响企业的成长绩效，这种产业环境支持要素的间接影响效应为 0.089（0.155 × 0.574）。

第四节 成长机制比较

接下来，我们进一步分析湖北省学科集群知识溢出驱动的不同创建属性企业的成长机制。本书依据企业的创建属性将样本企业分为两组，第一组是大学或相应的学科集群中的组织或个人直接创建企业并主导企业经营，即"大学衍生企业"组，共有 209 家；第二组企业基于学科集群的某项知识，但由产业中的组织或个人创建的企业，为"公司衍生企业"组，共有 113 家。

一 大学衍生企业的成长机制

在综合分析大学衍生企业的内外部成长机制之前，按照与以上分析类似的步骤，我们首先测度内外部成长机制对大学衍生企业成长绩效的直接影响，即外部环境支持系统对企业成长绩效的直接影响、内部功能系统对企业成长绩效的直接影响，以及外部环境驱动系统对内部功能系统的直接影响。拟合结果如表 6 – 9 所示，"环境驱动系统→成长绩效""内部功能系统→成长绩效"与"环境驱动系统→内部功能系统"模型的拟合指数基本通过检验。

表 6 – 9 大学衍生企业内外部成长机制对企业成长
绩效直接影响的拟合指数

拟合指数	χ^2/df	RMSEA	CFI	GFI	NFI	IFI	TLI	PCFI
环境驱动系统→成长绩效	2.725	0.081	0.930	0.903	0.875	0.921	0.904	0.726
内部功能系统→成长绩效	1.733	0.059	0.960	0.958	0.914	0.961	0.941	0.640
环境驱动系统→内部功能系统	2.282	0.069	0.926	0.882	0.852	0.928	0.907	0.759

图 6 – 5、图 6 – 6 和图 6 – 7 反映了大学衍生企业内外部成长机制对企业成长绩效的直接影响。图 6 – 5 的拟合结果显示，大学衍生企业的外部环境驱动系统中，学科集群支持要素与技术发明人支持要素对于企业的成长绩效有显著的积极贡献（路径系数分别为 $\beta = 0.551$，$p < 0.001$；

$\beta = 0.186$，$p < 0.05$），而产业环境支持要素对于大学衍生企业成长绩效的直接促进效应未通过检验。

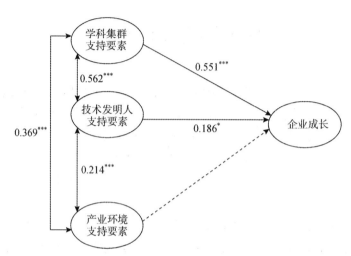

图6-5 大学衍生企业外部环境驱动系统对企业
成长绩效的直接影响 （N = 209）

注：$*p < 0.05$；$**p < 0.01$；$***p < 0.001$。

图6-6显示了大学衍生企业的内部功能系统对于其成长绩效的直接促进作用。创新功能与组织功能均显著地促进了企业的成长绩效，路径系数分别为（$\beta = 0.349$，$p < 0.01$；$\beta = 0.504$，$p < 0.001$），同时，企业的创新功能对于组织功能也有积极影响，影响效应为 0.018（$p < 0.05$）。

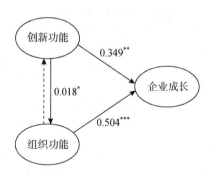

图6-6 大学衍生企业内部功能系统对企业成长绩效的直接影响 （N = 209）
注：$*p < 0.05$；$**p < 0.01$；$***p < 0.001$。

图6-7表明大学衍生企业的内外部成长机制，即外部环境驱动系统与内部功能系统之间的关系，结果表明，学科集群支持要素、技术发明人支持要素以及产业环境支持要素均对企业的创新功能有积极的影响，影响效应分别为0.026（$p < 0.05$）、0.220（$p < 0.05$）、0.423（$p < 0.01$）；同时，学科集群支持要素对于企业的组织功能有着非常显著的促进作用，影响效应为0.823（$p < 0.001$）。

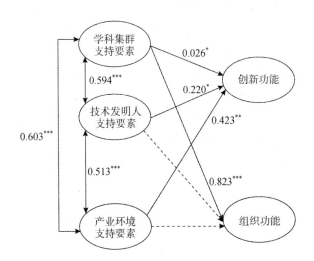

图6-7　大学衍生企业外部环境驱动系统对内部功能系统的直接影响（N=209）

注：$* p < 0.05$；$* * p < 0.01$；$* * * p < 0.001$。

接下来，我们在一个整合的模型中考察大学衍生企业内外部成长机制的耦合方式，即综合考察大学衍生企业的外部环境驱动系统与内部功能系统如何相互作用，并最终促进大学衍生企业的成长。我们遵循简约原则对模型进行修正后，最终的模型如图6-8所示，拟合指标如表6-10所示，各项拟合指标均达到模型可接受程度，说明模型与数据能够较好地拟合。

表6-10　　　　　　大学衍生企业成长机制的拟合指数

拟合指数	χ^2/df	RMSEA	CFI	GFI	NFI	IFI	TLI	PCFI
检验结果	2.303	0.079	0.915	0.906	0.878	0.911	0.909	0.750

图6-8的研究结果显示，在外部环境驱动系统中，学科集群支持要素、技术发明人支持要素、产业环境支持要素均能够通过促进企业创新功能的提升来影响企业成长绩效。研究结果也表明，母体大学支持要素对于大学衍生企业的成长起到非常关键的作用，其积极效应不但通过提升企业的创新功能来促进企业成长（影响效应为0.003，0.012×0.221），也通过促进企业组织功能的完善来促进企业成长（影响效应为0.569，0.832×0.684），同时学科集群支持要素也直接作用于大学衍生企业的成长绩效（影响效应为0.324，$p<0.01$）。这一结果说明，对于大学衍生企业而言，企业功能系统对于"外部环境驱动系统—企业成长绩效"之间的关系具有中介效应，除学科集群所提供的支持要素能够直接作用于企业成长绩效之外，其他环境支持要素，包括技术发明人支持要素、产业环境支持要素均通过对企业的创新功能的积极影响来影响企业成长，影响效应分别为0.061（0.278×0.221）和0.085（0.385×0.221）。

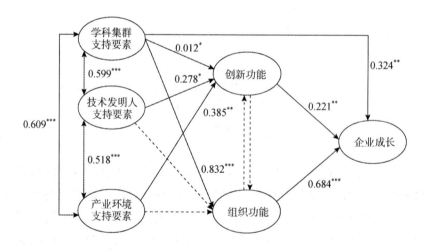

图6-8　大学衍生企业成长机制模型（N=209）

注：$*p<0.05$；$**p<0.01$；$***p<0.001$。

图6-8的结果也表明，综合考虑大学衍生企业内外部成长机制的耦合效应时，外部环境驱动系统中各支持主体所提供的支持要素对于企业的创新功能有着非常显著的积极影响，影响效应分别为0.012（$p<$

0.05）、0.278（$p < 0.05$）和0.385（$p < 0.01$），但是对于组织功能系统的促进效应却并不明显，仅学科集群支持要素对于企业的组织功能有显著的正向影响（$\beta = 0.823$，$p < 0.001$），这一结果表明，大学衍生企业的治理模式、运作方式、战略导向等企业功能很大程度上由学科集群决定，企业的创新功能与组织功能之间也没有显著的影响。

二　公司衍生企业的成长机制

与前文对大学衍生企业的分析类似，我们先分析公司衍生企业外部环境驱动系统、内部功能系统、企业成长绩效之间的直接作用方式，再在一个整合的模型中综合分析公司衍生企业内外部成长机制的耦合效应。拟合结果如表6－11所示，对于公司企业而言，"环境驱动系统→成长绩效"、"内部功能系统→成长绩效" 与 "环境驱动系统→内部功能系统" 模型的拟合指数基本通过检验。

表6－11　　　　公司衍生企业内外部成长机制对企业成长绩效
直接影响的拟合指数

拟合指数	x^2/df	RMSEA	CFI	GFI	NFI	IFI	TLI	PCFI
环境驱动系统→成长绩效	2.747	0.085	0.829	0.882	0.815	0.883	0.879	0.541
内部功能系统→成长绩效	1.231	0.045	0.962	0.946	0.908	0.965	0.943	0.641
环境驱动系统→内部功能系统	2.391	0.088	0.875	0.917	0.908	0.839	0.870	0.545

图6－9、图6－10和图6－11反映了公司衍生企业内外部成长机制对企业成长绩效的直接影响，即外部环境驱动系统、公司衍生企业的内部功能系统与企业成长绩效三组变量之间的直接影响。图6－9研究结果表明，与大学衍生企业不同，学科集群支持要素对于公司衍生企业的成长并没有促进作用，而技术发明人、产业环境所提供的支持要素对于公司衍生企业成长有着显著的积极作用，影响效应分别为0.134（$p < 0.05$）和0.436（$p < 0.01$）。

图6－10显示了公司衍生企业内部功能系统对于企业成长绩效的直接作用方式。创新功能系统与组织功能系统对于企业成长绩效均显示出积极的影响，尤其是组织功能系统，对公司衍生企业成长绩效的直接效应达到0.714（$p < 0.001$），同时创新功能系统对于组织功能系统的积极影响也通过检验，影响效应为0.272（$p < 0.01$）。

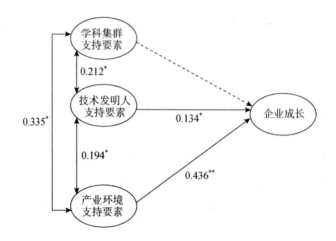

图 6-9　公司衍生企业外部环境驱动系统对企业成长绩效的直接影响（N=113）

注：$* p < 0.05$；$* * p < 0.01$；$* * * p < 0.001$。

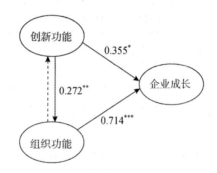

图 6-10　公司衍生企业内部功能系统对企业成长绩效的直接影响（N=113）

注：$* p < 0.05$；$* * p < 0.01$；$* * * p < 0.001$。

图 6-11 表明了公司衍生企业的外部环境驱动系统与内部功能系统之间的关系。结果表明，学术环境中，学科集群支持要素对企业的内部功能系统并没有显著的积极影响，技术发明人提供的支持要素仅对企业的创新功能有积极影响，该效应为 0.316（$p < 0.05$）；而产业环境支持要素对于公司衍生企业的创新功能与组织功能均有积极作用（路径系数分别为 $\beta = 0.205$，$p < 0.05$；$\beta = 0.282$，$p < 0.01$）。

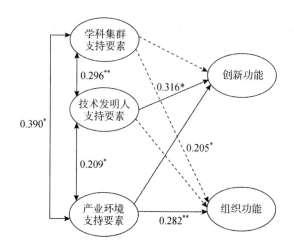

图 6 – 11 公司衍生企业外部环境驱动系统对内部功能系统的
直接影响（N = 113）

注：$*p < 0.05$；$**p < 0.01$；$***p < 0.001$。

我们将公司衍生企业的外部环境驱动系统、内部功能系统与成长绩效置于一个整合的分析模型中，综合考虑其交互效应。仍然遵循简约原则对模型进行修正，最终的模型如图 6 – 12 所示，拟合指标如表 6 – 12 所示，各项拟合指标均达到模型可接受程度，模型与数据能够较好地拟合。

表 6 – 12   公司衍生企业成长机制的拟合指数

拟合指数	χ^2/df	RMSEA	CFI	GFI	NFI	IFI	TLI	PCFI
检验结果	2.877	0.087	0.906	0.913	0.888	0.902	0.901	0.578

图 6 – 12 的研究结果显示，尽管企业的核心技术来源于大学，但公司衍生企业的成长机制呈现出与大学衍生企业完全不同的特征，学科集群支持要素无论对于企业的内部功能系统构建还是企业的成长绩效都没有显著的促进效应。而技术发明人支持要素与产业环境支持要素的支持效应通过企业的内部功能系统作用于成长绩效。这一结果说明，对于公司衍生企业而言，企业功能系统对于"外部环境驱动系统—企业成长绩效"之间的关系具有完全中介效应，技术发明人支持要素通过对企

业的创新功能的积极影响来影响企业成长，影响效应为 0.131（0.415×0.316），而产业环境支持要素对于企业的创新功能系统与组织功能系统都有积极作用，影响效应分别为 0.050（0.157×0.316）和 0.111（0.188×0.591），并最终促进企业的成长绩效。

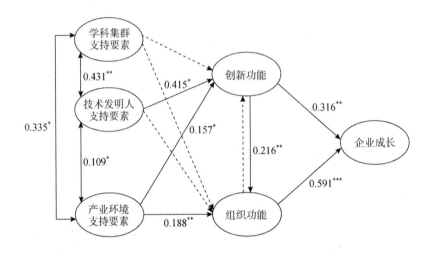

图 6 – 12　公司衍生企业成长机制模型（N = 113）

注：*p < 0.05；**p < 0.01；***p < 0.001。

同时，外部环境驱动系统的构成要素，即学科集群支持、技术发明人支持、产业环境支持之间的相关性通过检验，在企业的内部功能系统中，创新功能对组织功能的促进效应也得到验证，该效应为 0.216（p < 0.01）。

第五节　检验结果与讨论

本书首先将湖北省学科集群知识驱动创建的高新技术企业作为一个整体，对其成长机制进行分析，即外部环境驱动系统与内部功能系统的耦合作用方式。接下来，基于企业的不同创建属性将样本分为两类，分析并比较学科集群知识驱动创建的大学衍生企业和公司衍生企业的成长机制特征。

一　假设检验结果

根据以上结构方程模型的分析结果，本书提出的大部分假设都通过了实证检验，理论假设及其检验结果如表 6 - 13 所示。

表 6 - 13　　　　　假设 H7—H16 检验结果（全样本）

假设	假设内容	检验结果
H7	学科集群支持要素对学科集群知识驱动创建的高新技术企业的成长绩效有显著正向影响	支持
H8	技术发明人支持要素对学科集群知识驱动创建的高新技术企业的成长绩效有显著正向影响	支持
H9	产业环境支持要素对学科集群知识驱动创建的高新技术企业的成长绩效有显著正向影响	不支持
H10	学术环境与产业环境支持要素存在相关性	支持
H10a	学科集群支持要素与技术发明人支持要素存在相关性	支持
H10b	技术发明人支持要素与产业环境支持要素存在相关性	支持
H10c	学科集群支持要素与产业环境支持要素存在相关性	支持
H11	学科集群知识驱动创建的高新技术企业的内部功能系统对其成长绩效有显著正向影响	支持
H11a	创新功能系统对成长绩效有显著正向影响	支持
H11b	组织功能系统对成长绩效有显著正向影响	支持
H12	学科集群知识驱动创建的高新技术企业的创新功能系统与组织功能系统相互促进	部分支持
H12a	创新功能系统对组织功能系统有显著正向影响	支持
H12b	组织功能系统对创新功能系统有显著正向影响	不支持
H13	学科集群支持要素对学科集群知识驱动创建的高新技术企业的内部功能系统有显著正向影响	支持
H13a	学科集群支持要素对企业的创新功能系统有显著正向影响	支持
H13b	学科集群支持要素对企业的组织功能系统有显著正向影响	支持
H14	技术发明人支持要素对学科集群知识驱动创建的高新技术企业的内部功能系统有显著正向影响	部分支持
H14a	技术发明人支持要素对企业的创新功能系统有显著正向影响	支持

续表

假设	假设内容	检验结果
H14b	技术发明人支持要素对企业的组织功能系统有显著正向影响	不支持
H15	产业环境支持要素对学科集群知识驱动创建的高新技术企业的内部功能系统有显著正向影响	部分支持
H15a	产业环境支持要素对企业的创新功能系统有显著正向影响	不支持
H15b	产业环境支持要素对企业的组织功能系统有显著正向影响	支持
H16	学科集群知识驱动创建的高新技术企业的内部功能系统对于"外部环境驱动系统—成长绩效"关系起到中介作用	支持
H16a	企业的创新功能系统对于"外部环境驱动系统—成长绩效"关系起到中介作用	支持
H16b	企业的组织功能系统对于"外部环境驱动系统—成长绩效"关系起到中介作用	支持

　　由于学科集群知识驱动创建的高新技术企业具有两种完全不同的创建属性，大学衍生企业由大学及学科集群或其中雇员创建，一般与大学存在密切关联，而公司衍生企业尽管创立时核心技术来源于大学，却是在产业环境中独立创建的。因此，大学衍生企业与公司衍生企业所获得的支持要素、企业治理模式、创新路径等都存在明显差异。为区别不同创建属性企业成长机制的特殊性，本书进一步以 209 家新创大学衍生企业和 113 家新创公司衍生企业为样本，分别对所提出的假设进行检验，结果如表 6-14 与表 6-15 所示。

表 6-14　　　　　　　假设 H7—H16 检验结果（USO）

假设	假设内容	检验结果
H7（USO）	学科集群支持要素对新创大学衍生企业的成长绩效有显著正向影响	支持
H8（USO）	技术发明人支持要素对新创大学衍生企业的成长绩效有显著正向影响	支持
H9（USO）	产业环境支持要素对新创大学衍生企业的成长绩效有显著正向影响	不支持

续表

假设	假设内容	检验结果
H10（USO）	学术环境与产业环境支持要素存在相关性	支持
H10a（USO）	学科集群支持要素与技术发明人支持要素存在相关性	支持
H10b（USO）	技术发明人支持要素与产业环境支持要素存在相关性	支持
H10c（USO）	学科集群支持要素与产业环境支持要素存在相关性	支持
H11（USO）	新创大学衍生企业的内部功能系统对其成长绩效有显著正向影响	支持
H11a（USO）	创新功能系统对成长绩效有显著正向影响	支持
H11b（USO）	组织功能系统对成长绩效有显著正向影响	支持
H12（USO）	新创大学衍生企业的创新功能系统与组织功能系统相互促进	不支持
H12a（USO）	创新功能系统对组织功能系统有显著正向影响	不支持
H12b（USO）	组织功能系统对创新功能系统有显著正向影响	不支持
H13（USO）	学科集群支持要素对新创大学衍生企业的内部功能系统有显著正向影响	支持
H13a（USO）	学科集群支持要素对企业的创新功能系统有显著正向影响	支持
H13b（USO）	学科集群支持要素对企业的组织功能系统有显著正向影响	支持
H14（USO）	技术发明人支持要素对新创大学衍生企业的内部功能系统有显著正向影响	部分支持
H14a（USO）	技术发明人支持要素对企业的创新功能系统有显著正向影响	支持
H14b（USO）	技术发明人支持要素对企业的组织功能系统有显著正向影响	不支持
H15（USO）	产业环境支持要素对新创大学衍生企业的内部功能系统有显著正向影响	部分支持
H15a（USO）	产业环境支持要素对企业的创新功能系统有显著正向影响	支持
H15b（USO）	产业环境支持要素对企业的组织功能系统有显著正向影响	不支持
H16（USO）	新创大学衍生企业的内部功能系统对于"外部环境驱动系统—成长绩效"关系起到中介作用	支持
H16a（USO）	企业的创新功能系统对于"外部环境驱动系统—成长绩效"关系起到中介作用	支持
H16b（USO）	企业的组织功能系统对于"外部环境驱动系统—成长绩效"关系起到中介作用	支持

表 6－15　　　　　　　　　假设 H7—H16 检验结果（CSO）

假设	假设内容	检验结果
H7（CSO）	学科集群支持要素对新创公司衍生企业的成长绩效有显著正向影响	不支持
H8（CSO）	技术发明人支持要素对新创公司衍生企业的成长绩效有显著正向影响	支持
H9（CSO）	产业环境支持要素对新创公司衍生企业的成长绩效有显著正向影响	支持
H10（CSO）	学术环境与产业环境支持要素存在相关性	支持
H10a（CSO）	学科集群支持要素与技术发明人支持要素存在相关性	支持
H10b（CSO）	技术发明人支持要素与产业环境支持要素存在相关性	支持
H10c（CSO）	学科集群支持要素与产业环境支持要素存在相关性	支持
H11（CSO）	新创公司衍生企业的内部功能系统对其成长绩效有显著正向影响	支持
H11a（CSO）	创新功能系统对成长绩效有显著正向影响	支持
H11b（CSO）	组织功能系统对成长绩效有显著正向影响	支持
H12（CSO）	新创公司衍生企业的创新功能系统与组织功能系统相互促进	部分支持
H12a（CSO）	创新功能系统对组织功能系统有显著正向影响	支持
H12b（CSO）	组织功能系统对创新功能系统有显著正向影响	不支持
H13（CSO）	学科集群支持要素对新创公司衍生企业的内部功能系统有显著正向影响	不支持
H13a（CSO）	学科集群支持要素对企业的创新功能系统有显著正向影响	不支持
H13b（CSO）	学科集群支持要素对企业的组织功能系统有显著正向影响	不支持
H14（CSO）	技术发明人支持要素对新创公司衍生企业的内部功能系统有显著正向影响	部分支持
H14a（CSO）	技术发明人支持要素对企业的创新功能系统有显著正向影响	支持
H14b（CSO）	技术发明人支持要素对企业的组织功能系统有显著正向影响	不支持
H15（CSO）	产业环境支持要素对新创公司衍生企业的内部功能系统有显著正向影响	支持
H15a（CSO）	产业环境支持要素对企业的创新功能系统有显著正向影响	支持
H15b（CSO）	产业环境支持要素对企业的组织功能系统有显著正向影响	支持

假设	假设内容	检验结果
H16（CSO）	新创公司衍生企业的内部功能系统对于"外部环境驱动系统—成长绩效"关系起到中介作用	支持
H16a（CSO）	企业的创新功能系统对于"外部环境驱动系统—成长绩效"关系起到中介作用	支持
H16b（CSO）	企业的组织功能系统对于"外部环境驱动系统—成长绩效"关系起到中介作用	支持

由以上分析可知，大学衍生企业与公司衍生企业由于创建属性不同，在成长过程中，外部环境支持要素与企业内部功能系统的作用方式表现出完全不同的成长特征，因此假设 H17 得到支持，创建模式调节了基于大学知识溢出的高新技术企业成长机制的有效性。不同创建属性的衍生企业，USO 与 CSO 的"环境驱动—企业功能—成长绩效"的耦合方式存在显著差异。

二　结果讨论

（一）湖北省学科集群知识驱动创建的高新技术集群企业成长机制

湖北省学科集群知识驱动创建的高新技术企业，是以大学的创新性知识或技术为创业机会的新创企业，其成长进程跨越了学术与产业两种不同价值取向的环境，涉及更多的利益主体，因此形成了相对特殊的成长机制，即这类企业构建内部功能系统来整合外部成长资源的机制不同于一般的高新技术企业。研究结果表明：

第一，学科集群作为基于大学知识溢出的高新技术企业创立时的核心技术来源组织，在企业成长机制中扮演着重要角色，学科集群所提供的支持要素不但对于企业的成长绩效有直接的促进作用，而且对于企业内部功能系统的两个子系统，创新功能系统与组织功能系统均有正向影响，尤其是对于组织功能系统的影响作用非常显著。

第二，在外部环境驱动系统中，学术环境与产业环境中支持主体对于企业内部功能提升有着完全不同的影响机制。学科集群和技术发明人作为企业创新机会的来源，对于企业的创新功能有显著的促进作用，而产业环境支持要素仅对企业的组织功能有促进作用，而对创新功能没有显著影响。

第三，学科集群知识驱动创建的高新技术企业的内部功能系统对"外部环境驱动系统—企业成长绩效"关系的中介作用得到验证，形成了基于学科集群知识溢出的"外部环境驱动系统—内部功能系统—企业成长绩效"成长机制。学科集群所提供的支持要素通过促进企业的创新功能与组织功能作用于企业成长，同时对企业的成长绩效有积极的直接影响；技术发明人支持要素通过促进企业创新功能系统作用于企业成长；而产业环境支持要素则通过对企业组织功能系统的积极影响促进企业成长。研究结果也表明，在企业的内部功能系统中，创新功能对于组织功能有显著正向影响。

（二）不同创建属性的高新技术企业成长机制特征的对比分析

湖北省学科集群知识驱动高新技术企业创建存在两种不同的创建属性，在学术环境下创建的大学衍生企业和在产业环境下创建的公司衍生企业。差异化的创建背景导致这两类企业对于外部环境中支持要素的吸收与整合方式迥然相异，即外部环境驱动系统与内部功能系统的耦合方式不同，因此对企业成长绩效的作用机制也显现出差异性特征。

学术环境中创建的大学衍生企业，其成长绩效往往依赖于学科集群的支持。大学提供的支持要素不但直接促进企业的成长，而且对于企业的创新功能系统与组织功能系统都有显著的正向影响，尤其是对企业组织功能系统的作用效应达到 0.832（$p < 0.001$）。研究结果也表明，技术发明人与产业伙伴提供的支持要素仅对大学衍生企业的创新功能有积极作用，对企业组织功能的提升并没有显著影响。这一结果说明大学衍生企业能够较好地吸收和整合不同来源的创新资源，包括来源于学科集群、技术发明人和产业伙伴等不同环境下的支持主体所提供的创新支持要素。但由于其特殊的创建模式，大学衍生企业难以独立构建起组织管理系统，在企业文化、战略导向、治理结构等方面基本上依赖于大学。

相较而言，公司衍生企业拥有自主控制权，难以获得大学及相关学科集群的有效支持，却对其他渠道的支持资源整合与利用能力较强。产业环境支持要素对企业的创新功能与组织功能均有显著的促进作用。同时，研究结果表明，与大学衍生企业相比，在公司衍生企业中，技术发明人对于企业创新功能的积极效应反而更为显著。

研究结果也证实，大学衍生企业与公司衍生企业的内部功能系统对于"外部环境驱动系统—企业成长绩效"之间关系均具有显著的中介效应，但作用方式有所差异。大学衍生企业的内部功能子系统中，创新功能系统调节外部环境与企业绩效关系的作用机制明显强于组织功能系统，学科集群、技术发明人、产业环境所提供的支持要素均通过作用于企业创新功能，进而促进大学衍生企业的成长绩效，而组织功能系统仅对于学科集群的支持要素有中介效应，同时创新与组织两个功能子系统相互独立，子系统间并没有显著的相关性；而对于公司衍生企业而言，企业的组织功能对企业成长绩效产生了更加显著的作用，不但产业环境支持要素通过组织功能系统的中介效应作用于企业成长绩效，而且公司衍生企业的创新功能系统也对组织功能系统产生影响，形成积极的引导作用，进而促进企业成长。

第六节　本章小结

本章利用问卷调研所得的实证数据，对第四章提出的学科集群知识驱动创建的高新技术企业的成长机制模型进行了实证检验。首先考察了问卷量表的信度、效度；其次在此基础上，利用结构方程模型对学科集群知识驱动创建的高新技术企业的内生成长驱动机制与外生成长驱动机制进行了验证和修正，而后对比分析了两种不同创建属性的衍生企业——大学衍生企业和公司衍生企业——的成长机制；最后根据实证结果做了进一步阐述和分析。

研究发现，大学衍生企业在创立初期依赖于学科集群的创业支持与引导，创新优势明显，却难以独立构建起高效的组织管理系统，这种对母体大学的强依赖性阻碍了企业对于其他渠道支持要素的吸收能力；而公司衍生企业难以获得学科集群的有效支持，却对其他渠道支持资源的整合与利用能力较强，并在创新功能与组织功能之间构建起良好的传导机制。并且，大学衍生企业与公司衍生企业的内部功能系统对于"外部环境驱动系统—企业成长绩效"之间关系均具有显著的中介效应，形成了"环境驱动系统—企业功能系统—成长绩效"的成长模式，但作用的方式有所差异：大学衍生企业的内部功能子系统中，创新功能系统调节外部环境与企业绩效关系的作用机制明显强于组织功能系统，而公司衍生企业的组织功能对企业成长绩效产生了更加显著的作用。

第七章 湖北省学科集群驱动高新技术产业集群发展的对策建议

以大学为基础的科学研究在国家创新过程中起着中心的作用。学科集群知识驱动创建的企业被认为是高新技术产业集群形成的关键来源之一[1]，也是大学参与产业活动的重要方式，它体现了大学在传统的教育功能和科研功能之外，创造经济价值的"第三使命"。从一定程度上来说，大学创造了生命和生物技术等高科技产业，知识的有效溢出，为高科技产业的发展不断注入新的生产力（Kauffman Foundation，2011）。

近十年来，大学在社会经济发展中的角色在不断地发生改变，学科集群知识溢出的方式和对地区经济发展的贡献也呈现动态性（Bathelt et al.，2010）。夏清华等（2007，2008，2009，2010）通过对中国大学自主知识产权能力、大学技术转移、大学衍生企业等系列研究也表明：中国的创新投入与创新产出之间出现断裂，许多技术创新没有转化为经济上的竞争优势，大学、企业、政府之间尚未形成一个区域创新合作网络，从而影响了整体的集群创新和创业能力（创造经济价值的能力）。正如 OECD 对中国创新系统的评价，中国的国家创新体系（NIS）还没有得到充分发展，整合很不充分，各子系统（比如大学和产业）间的联系还比较薄弱，就像"群岛"（孤岛），一大批"创新型岛屿"彼此缺乏充分的联系（OECD，2010）。

因此，如何使学科集群知识顺利溢出，并通过企业的创建与成长实现其经济价值，具有重要的实践意义。本书突破传统的研究模式，在文献综述、理论分析基础上，提出和构建了学科集群知识驱动创建的高新技术企业创建与成长机制的研究模型，随后通过问卷调研的方式获取了

---

[1] Rothaermel, F. T., Agung, S. D. and Jiang, L., "University entrepreneurship: a taxonomy of the literature", *Industrial and Corporate Change*, Vol. 16, No. 4, 2007, p. 701.

大量的企业样本数据，并对研究模型和假设进行了统计分析与实证检验。本章将对前文得出的研究结论进行回顾和概括，进一步阐明本书的政策与实践启示，并指出本书的局限，对未来研究中可能的方向进行展望。

第一节　主要结论

在知识经济时代，国家经济的发展、财富的增长，越来越取决于知识生产的水平、知识进步的程度、知识创造的能力。因此，大学作为先进知识与技术的发源地，其对于经济增长的积极作用一直得到广泛的关注。学科集群知识驱动创建的高新技术企业，是大学知识实现经济价值的一种重要途径，这类企业的创建与成长正是大学所创造的知识由知识创造向价值创造转化的过程。本书以知识溢出型创业理论为研究视角，以湖北省学科集群知识驱动创建的高新技术企业为研究对象，在对这类企业集群化成长的规律与影响因素进行系统分析的基础上，提出了此类企业集群化成长机制模型，描绘出两种不同衍生企业（大学衍生企业与公司衍生企业）"创建属性—集群环境驱动—企业功能"匹配的集群化成长机制，形成以下几个主要结论。

第一，湖北省学科集群知识驱动创建的高新技术企业，其创建模式受到知识特性的影响。

学科集群知识驱动创建的高新技术企业的创建始于学科集群所创造的创新性知识。我们基于知识溢出型创业理论，将大学衍生企业与公司衍生企业视为可相互替代的两种有效的学科集群知识溢出型创业模式。研究发现，高先进性、高隐含性的知识更倾向于促进大学衍生企业的创建，相比较而言，先进性、隐含性较低的知识更可能以公司衍生企业的方式完成商业化进程。

由此，可以认为，大学衍生企业的创建一方面是大学出于对先进技术的保护；另一方面也是由于知识的隐含技术导致其难以向大学外部溢出。而公司衍生企业创建机会所涉及的知识类型通常是隐含性低、成熟度高而先进性略低，这种特性的知识在其转化为产品或服务的过程中能够较为容易地获取与之相匹配的各种创业资源，同时知识的革新方向与市场潜力也较为明确，有利于降低企业经营风险。通过以上分析，我们可以推断出，大学衍生企业的初始创新能力应该强于公司衍生企业，大学衍生企业往往是创新驱动的，而公司衍生企业往往是价值驱动的。大学作为知识的生产组织，能够更为主动地选择知识以何种方式实现其经济价值。

该结论与 Matthew S. Wood（2009）的观点相一致，即正确的"创新属性—组织形式"匹配是一个创新性知识商业化成功的关键驱动程序。因此，提高学科集群知识溢出效率的有效模式是将大学创造的知识的创新属性与知识商业化的具体组织形式相匹配，以提供最优的组织支持。

第二，学科集群环境与产业集群环境对于企业创建模式的影响机理不同。学科集群环境的积极创业引导与产业集群环境的创业基础更倾向于为大学衍生企业的创建提供激励。

一般认为，学科集群知识驱动创建的高新技术企业与母体大学、技术发明人存在着天然的联系，因此母体大学、技术发明人的学术地位、声望、资源会影响这类企业的创建模式。而我们的研究却提出了不同的观点。我们发现，母体大学的资源条件、技术发明人的学术成就对于知识是向组织内溢出形成大学衍生企业，还是向组织外溢出形成公司衍生企业并没有显著影响。而母体大学或技术发明人的创业倾向却明显作用于"知识特性—衍生企业创建模式"关系，但作用的方式有所差异：大学对于创业行为的积极引导和鼓励政策有效调节了知识特性对企业创立模式的作用机制，而技术发明人的创业倾向直接促进了大学衍生企业的创建。这是因为知识或技术的发明人通常是大学中的科学家，在以何种方式将自己科研成果产业化时，常常面临着一种权衡取舍，直接参与企业经营必然会削弱从事科学研究的时间和精力，面临着极大的机会成本。因此，积极的创业引导将为大学衍生企业的创建提供有效的激励。

一个典型的例子就是我国知名的大学衍生企业——北大方正集团的崛起。北大方正集团由北京大学 1986 年投资创办，到 2009 年已占据中国校办产业盈利能力近 70% 的份额。其成长正是得益于与北京大学所构建的相互依存、共存共荣的有机联系，北京大学计算机研究所、国家重点实验室、国家工程研究中心等单位一直是方正集团坚实的技术实力后盾。同时，北大方正的创始人、"当代毕昇"王选教授，同时具备"学者的先锋精神与企业家的市场抱负"，也成为北大方正的一面旗帜。王选教授成功研制了世界首套中文彩色照排系统，为新中国新闻、出版全过程的计算机化奠定了基础，开创了一个产业发展的新时代。他不但是北大方正核心技术的创造者，更是整个企业的精神领袖。

另外，产业集群环境的成熟度调节了知识特性作用于企业创建模式的机制。良好的产业集群环境能够为企业提供信息、资金和精神支持三类资源，同时，也为企业开发和获取这些资源提供了机制和工具，尤其是对缺乏商业资源与商业能力的大学衍生企业而言，区域环境中的支持和补充要素更为重要。因此，在产业集群环境较为成熟的地区，大学衍生企业的活动较为活跃。

第三，学科集群知识驱动创建的高新技术企业应遵循"创建属性—集群环境驱动—企业功能"的耦合成长机制。

学科集群知识驱动创建的高新技术企业，是以大学的创新性知识或技术为创业机会的新创企业，其创建与成长过程即机会内生的创业过程，是以大学知识驱动的从机会创造到价值创造的创业进程，形成了"机会创造—机会开发（创建机制）—价值实现（成长机制）"的演进，这一过程跨越了学术与产业两种不同价值取向的环境，也形成了这类企业特殊的创建与成长机制。

企业在成长的过程中，学术环境与产业环境中的支持主体，如母体大学、技术发明人、产业伙伴等所提供的各种创业支持要素，并不能直接促进企业的成长，而是通过对企业创新功能与组织功能的提升，进而转化为企业的成长绩效。因此，我们认为，基于学科集群知识溢出的特殊创建背景，使这类企业面临着整合来自不同支持主体的支持要素的困难，正如 Holger Patzelt（2009）所指出的，能被企业吸收与利用的支持要素才是有效的，这类企业内部功能系统的重要作用就是通过创新与组织能力的提升，将外部环境的驱动要素整合并转化为企业的成长动力，由此，我们提出学科集群知识驱动创建的高新技术企业的"创建属性 集群环境驱动—企业功能"匹配成长机制。

按照以上分析，基于学科集群知识溢出的不同路径，所创建的两类衍生企业（USO 和 CSO）具有与创建模式相匹配的不同的成长机制，差异性主要表现在以下三点。

第一，由大学或大学中雇员主导的大学衍生企业与母体大学存在天然的关联性，能够较为便利地利用母体大学的各种资源，因此其成长绩效表现很大程度上取决于母体大学的支持情况，这种强依赖性严重阻碍了企业对于其他渠道支持要素的吸收能力，大学衍生企业难以有效融入所在行业的产业链，从产业伙伴中得到的支持有限。而公司衍生企业难以获得母体大学的有效支持，却对其他渠道的支持资源整合与利用能力较强，如产业集群环境支持要素对企业的创新功能与组织功能均有显著的促进效应。

第二，从企业的创建机制来看，大学衍生企业的创建往往是创新驱动的，而公司衍生企业的创建往往是价值驱动的。因此在成长的过程中，大学衍生企业的创新功能系统对于企业成长绩效的贡献明显高于组织功能系统，能够较好地吸收和整合不同来源的创新资源，包括来源于母体大学、技术发明人和产业伙伴等不同环境下的支持主体所提供的支持要素。但由于其特殊的创建模式，大学衍生企业在创业期还难以独立构建起高效的组织管理系统，其组织功能的实现很大程度上依赖于母体大学。相较而言，公司衍生企业拥有自主控制权，创新功能系统与组织功能系统对于外部环境驱动要素的调节与整合能力相当，同时创新功能与组织功能之间也构建起良好的传导机制。

第三，与大学衍生企业相比，在公司衍生企业中，技术发明人对于企业创新功能的积极效应反而更为显著。合理的解释是，一方面，相较于大学衍生企业在技术资源方面的先天优势，公司衍生企业通常较为缺乏高端科研人才，因此技术发明人参与企业经营对企业创新能力的积极效应更为明显；另一方面，在实践中，技术发明人自行创建衍生企业，会面临着学术身份与商业身份的冲突，挑战了公众对于学者的传统认知，因此，技术发明人参与公司衍生企业的创业行动往往是一种主动决策，他们并不愿意成为企业家，而更倾向于为企业提供技术创新支持，以技术顾问的方式参与到公司衍生企业中。

第二节　政策与实践启示

一　高新技术企业集群化成长的进程依赖于大学与学科集群的积极引导

学科集群知识的溢出是大学所创造知识转化为价值的过程，学科集群知识驱动创建的高新技术企业是知识溢出的一种有效途径。由于大学所创造知识的不同创新特性，导致了知识向组织外溢出与组织内溢出两种不同的溢出途径，并推动了大学衍生企业与公司衍生企业的形成。研究发现，湖北省这两类高新技术企业的成功创建与成长均离不开学科集群积极的创业引导。

大学衍生企业由大学或学科集群中的组织主导创建，其创建机会所涉及的知识特性通常是先进性高、隐含程度高的知识，在技术创新方面具有先天的优势。但大学或学者参与企业经营，这一创业行为本身就面临着学术或商业角色的冲突，这种观念上的阻碍和商业能力与资源的缺乏均可能成为大学衍生企业创建的障碍。因此，母体大学积极的创业引导、宽松的创业文化以及相应的奖励政策将为大学衍生企业的创建与成长提供更多的机会，进而为知识转化为企业价值提供有效的激励。具体的措施包括建立技术转移办公室、科技园和孵化器等有形机构，并对学者参与创业活动予以支持。大学应该摆脱以往"学者或企业家"的二分法考虑，通过有关部门制定相关法规承认并管理这种复合角色，规范学术型企业家的任务、职责及绩效评价体系，从而使学术型企业家得到认可，对"学术型企业家"所做的贡献进行清晰、合理的认定并予以奖励也非常必要。如斯坦福大学前副校长、"硅谷之父"特尔曼就制定规章制度将学者的创业活动合法化、规范化，并将能否为学校带来财富视为终身教授评聘的基本标准。在这些政策的有力刺激下，学者的商业行为日益活跃，斯坦福与"硅谷"的高新技术企业也形成了良好的共生关系。

而对于新创的公司衍生企业而言，由于知识的创造主体与转化主体分别处于学术环境与产业环境中，其成长初期面临的最大困难是如何维持并进一步提升企业的创新优势。我们在调研的过程中发现，许多公司衍生企业面临着创新能力难以持续的成长"瓶颈"，这些企业由于缺乏持续的技术支持，难以实现对核心技术的有效改进和再创新，在一段时间的高速成长之后往往陷入停滞状态，甚至倒闭。而作为企业核心技术的来源，大学中的技术发明人又受到程序烦琐、知识产权保护机制不够完善、技术转移收益难以落实等问题的困扰，缺乏与企业长期合作的激励。如武汉大学化学学院的张克立教授，尽管已经将所发明的专利技术"锂电池正极材料"成功转移到企业中，但他仍然认为大学所创造的知识由企业来转化和开发困难重重，因为"第一，先进的科研成果产业化，普遍存在批量生产的稳定性问题；第二，大学中传统的科研氛围使绝大部分学者致力于科研成果上的新思想和新突破，更重视论文、项目等在职称评定中着重考虑的要素；第三，对于技术发明人而言，参与到企业中压力很大、风险也很大，而学校在职称、工资等方面并没有明确的奖励"。

从调研结果来看，目前湖北省学科集群的各个大学主要侧重于学术价值的研究，在评价研究成果时，比较看重论文发表的质量和数量、科技项目获奖的级别等因素，忽略了科研成果的实际应用价值；在职称评聘时，通常纯理论的科研成果要比应用性的研究成果具有更大的优势。这些政策导向导致湖北省学科集群中的研究者大部分仍然是依据个人的兴趣和优势选择科研内容，而不太重视服务社会的层面。

因此，湖北省大学应该制定更为明晰可行的鼓励政策，以及持续的监督机制，使科研成果向企业转移的进程便利化，进而促进高新技术企业的成长。如鼓励实验室与企业进行研发合作；为技术转移的关键环节提供咨询和保障；改进对发明人的奖酬机制并予以落实等；也可以将更多的专利归属权归属于发明者个人，以提高技术发明人参与到后续产业化的积极性。以上措施有助于学科集群与产业集群保持良性的交流与互动，增进企业对大学所创造知识的理解和应用，并为知识转化为终端产品提供支持，使基于学科集群知识创建的高新技术企业在竞争激烈的市场中站稳脚跟，为后续的企业成长奠定基础。

二　强化支持政策的层次性与衔接性

高新技术产业集群的发展必须与影响产业运行的政策、命令、公共立场等相一致，尤其是对学科集群知识驱动创建的高新技术企业，由于所涉及的利益主体众多且存在着不同的价值取向，因此湖北省政府政策法规的引导作用更为突出。尽管政府已经出台了一系列促进科研成果转化的相关法规，但我们的研究结果显示，学科集群与产业集群环境中各支持主体所提供的创业资源仍存在一些缺位或重叠现象。

目前来看，不同创建模式的衍生企业对于支持要素的吸收与利用能力存在很大差异。母体大学或学者主导的大学衍生企业的成长绩效很大程度上依赖于母体大学所提供的有形和无形支持要素，难以从其他支持主体获得商业资源，因此短时间内难以完全脱离母体大学，独立市场化运作。而公司衍生企业能够更有效地利用来自技术发明人与产业集群环境的支持，企业内部的创新功能与组织功能也形成了良好的协调联动机制。

因此，政策制定者对不同主体所能提供的支持要素的层次性与衔接性应给予重视并加以引导，构建平衡且通畅的创新要素流动网络。

第一，对于基于学科集群知识创建的企业的成长扶持并不存在普遍意义的支持政策，针对企业创建模式的差异性提供"有选择的"支持要素可能更加有效。例如，为大学衍生企业搭建与产业伙伴的合作平台，推动知识、资本等创业要素的流动与整合，增强企业的商业管理能力非常重要。而对于公司衍生企业而言，在创业初期缺乏来自学科集群的有力支持，因此，加强大学与公司衍生企业的交流，鼓励技术发明人为这类企业提供技术支持以获得持续的创新能力更为关键。

第二，促进学科集群与产业集群协同发展的制度建设应以长效创新机制为导向，引导高校、科研机构、企业之间以持续性创新能力构建为目标，建立持续的、深入的战略合作关系。通过建立高效运作的机制，促使创新要素向高新技术产业集聚，使企业真正成为研发投入主体、技术创新主体和创新成果应用主体。根据调查结果来看，湖北省许多高新技术开发区内的校企之间、企业与企业之间都存在"合作研发""共同完成科研项目"等合作创新行为。但总体而言，大部分合作限于技术层面，而共同组建实验室、战略合作等深入的合作方式较为缺乏，导致创新性知识和技术的辐射扩散效应有限，未能发挥良好的协同创新效应。为了进一步畅通技术创新价值转化为经济价值的渠道，可行的制度建设包括：引导企业资金进入大学实验室，建立起长期的合作创新机制；鼓励产业内企业建立共同的技术创新、产品研发机构；深化利益分配制度改革，鼓励技术等生产要素参与分配等。

在研究过程中，我们发现大学科技园对于促进学科集群与产业集群的深入交流起到重要作用，是学科集群和产业集群联合发展典型模式。大学科技园通常集中了大量的高校和高级技术人才，为高校学科集群的建立提供了有力的支持，同时依托大学的能力，研究一些有产业发展需求、影响力较大的工程项目，不断提高大学科技园的影响力，形成集群产业的竞争力发展与高尖端技术创新水平提高的良性循环。

第三，营造支持性的宽松的创业环境，设立政府创新创业基金，为高新技术创业企业提供办公场地、税收优惠、人才和信息服务等优惠条件，创造多元化的融资渠道等支持措施，都将为企业的快速成长提供积极的驱动作用。在调研过程中，我们发现，一些由湖北省大学所发明的知识或技术，在市场价值转化的进程中却舍近求远，在沿海地区或其他经济较为发达的区域进行（如华中科技大学黄教授发明的锂离子电池技术，通过与产业中的企业家合作，在苏州工业园区创建企业完成技术转化）。究其原因，在于这些区域对高科技企业成长有力的支持政策，积极的创业文化引导，以及相关产业链的发展状况。

三 学科集群知识驱动创建的高新技术企业集群化成长的实践意义

学科集群与产业集群融合协作的过程涉及多方利益主体，形成了较为复杂的利益关系和资源系统。因此，对于学科集群知识驱动创建的高新技术企业而言，从外部的学术与产业集群环境中获得和占有关键性资源的能力是保证企业最终实现价值创造和持续发展的必要条件。对于此类企业而言，不同利益相关者所提供的支持要素并非单独地、线性地对企业产生影响，而是相互作用形成了一个支持网络，因此构建合理的企业内部功能，以调适来自不同集群的支持要素，并形成有效的配合，是企业成长的关键驱动力。

大学衍生企业与母体大学的天然关联性使这类企业在创立之初能够便利地获得各种创新性资源，并由此驱动企业的创建与成长。但从长远来看，大学衍生企业对母体大学的强依赖性阻碍了企业对其他渠道资源的吸收与整合能力，并制约了企业组织功能的提升。因此，如何在母体大学的支持与企业明晰的治理结构间取得平衡，克服衍生企业在管理经营方面的缺陷，将是大学衍生企业未来变革所面临的重大问题。可行的对策是引进职业经理人团队，实现企业的体制合理化与管理标准化。应该建立新型的大学产业管理制度，在母体大学与大学衍生企业间建立明确的利益分配机制。在大学知识溢出的过程中，母体大学与衍生企业可以作为两个独立主体，建立理性的合作关系，确保风险共担、利益共享的互利机制，在知识产权归属、利益分配方面必须做出明确规定。依托于武汉大学"空间数据处理技术"创建的武大吉奥信息技术有限公司（GeoStar），就通过 2003 年和 2008 年的两次改革，建立起清晰的公司治理结构，从由母体大学控股的大学衍生企业逐渐转变为自主经营、母体大学参股的现代化企业。吉奥通过股权激励使母体大学与衍生企业之间的利益分配制度规范化，从而建立了有效的制衡机制，实现了母体大学利益与企业市场化运作双赢的局面，企业与母体大学的关系也从最初的依附关系演变为良性的合作互动关系。

公司衍生企业得益于大学所创造的先进性知识，并由于其在产业环境中创建，能够在创立之初就形成适合市场竞争的管理模式和组织结构。当公司衍生企业度过创业期，进入快速成长阶段时，企业规模化经营的愿望使得它们对创新资源的需求量日益增加，因此，公司衍生企业在成长过程中必须致力于企业创新能力的培育。一方面，公司衍生企业可以与学科集群中技术的发明团队保持良好的沟通与互动关系，不但可以与大学的实验室建立起合作研发的共同创新机制，而且也能够以项目资助的形式为实验室注入资金、引导科研团队的研发方向，以获得持续的创新支持；另一方面，企业应着力于提升自身的创新能力，应该积极地进行产品与技术的研发、革新与升级，并与产业集群伙伴构筑起有效的合作网络，汲取企业成长所需的各种资源，形成企业自身的创新优势。

总之，湖北省学科集群知识驱动创建的高新技术企业在享有湖北省"科教大省"得天独厚的学科集群优势的同时，也面临着高新技术产业高动态性、高创新性带来的一系列风险。因此，根据企业的创建特色，与学科集群或产业集群中的伙伴构建长期深入的协作模式，通过集群化成长实现资源优化配置，是这类高新技术企业持续发展的核心动力。

第三节　研究局限与未来研究方向

尽管本书得出了一些具有启发性的研究结论，并提炼出以上的政策与实践启示，但在研究过程中仍存在着一些局限之处，需要在后续的研究中进一步挖掘和完善。

第一，企业在一个时间框架内是以非线性的方式增长的（Moreno & Casillas，2008），因此对于企业的纵向动态跟踪研究能够更好地反映企业成长的动态变化。然而，受研究时间、成本等条件的限制，本书仍然采用截面研究，对学科集群知识驱动创建的高新技术企业的创建与集群化成长的关键驱动因素及其作用机制进行了检验，但难以反映企业成长的阶段性特征。未来的研究我们将通过深度访谈的形式对典型企业进行回访，并对这些企业进行纵向的跟踪研究，以便更为准确地反映其动态成长机制。

第二，本书仅对学科集群知识驱动创建的高新技术企业的成长绩效水平进行考察，通过企业现有的成长能力与动态的成长潜力来反映企业在经营绩效方面的成长性。但是学科集群知识溢出的重要意义不仅在于创造经济效益，以学科集群知识为基础创建的高新技术企业能否承担起引导产业创新、促进区域经济发展的使命？通过创建衍生企业的方式提高大学知识的溢出效率，对大学自身的科研方向与能力又会产生怎样的影响？以上问题构成了我们进一步的研究方向。

第三，这类以知识创新驱动的高新技术企业创立初期的竞争优势通常来源于知识的创新性，在通过集群化成长整合企业内外部的支持要素并克服创业初期的资源"瓶颈"后，学科集群知识驱动创建的高新技术企业将面临创新升级的挑战，企业能否实现再创新、构建起新的竞争优势是企业能否持续成长的关键。

参考文献

［1］［美］彼得·德鲁克:《创新与企业家精神》,蔡文燕译,机械工业出版社 2007 年版。

［2］［美］彼得·德鲁克:《知识管理》,杨开峰译,中国人民大学出版社 1999 年版。

［3］鲍新中、李晓非:《基于时序数据的高技术企业成长性分析》,《科学学研究》2010 年第 2 期。

［4］白景坤、王健:《环境威胁与创业导向视角下的组织惰性克服研究》,《中国软科学》2016 年第 9 期。

［5］常红锦、杨有振:《创新网络惯例、网络位置与知识共享》,《研究与发展管理》2016 年第 3 期。

［6］吴明隆:《SPSS 统计应用实务》,科学出版社 2003 年版。

［7］曹兴、陈琦、郭然:《高技术企业成长模式重构及实现方式》,《管理学报》2010 年第 4 期。

［8］陈傲、柳卸林、程鹏:《空间知识溢出影响因素的作用机制》,《科学学研究》2011 年第 6 期。

［9］陈劲、朱学彦:《学术型创业家与企业绩效关系研究》,《中国软科学》2006 年第 4 期。

［10］陈士俊、柳洲:《复杂性科学视角下的高技术企业成长机制研究论纲》,《科学学与科学技术管理》2004 年第 3 期。

［11］陈琛:《创业知识溢出理论与实证研究》,硕士学位论文,合肥工业大学,2010 年。

［12］陈伟、张旭梅:《供应链伙伴特性、知识交易与创新绩效关系的实证研究》,《科研管理》2011 年第 11 期。

［13］陈晓红、周颖、佘坚:《考虑在险价值的中小企业成长性评价研究——基于沪深中小上市公司的实证》,《南开管理评论》2008

年第 4 期。

[14] 刁丽琳、朱桂龙、许治：《国外产学研合作研究述评、展望与启示》，《外国经济与管理》2011 年第 2 期。

[15] 傅首清：《区域创新网络与科技产业生态环境互动机制研究——以中关村海淀科技园区为例》，《管理世界》2010 年第 6 期。

[16] 傅家骥：《技术经济学前沿问题》，经济科学出版社 2003 年版。

[17] 傅家骥：《技术创新学》，清华大学出版社 1998 年版。

[18] 高建、魏平：《新兴技术的特性与企业的技术选择》，《研究与发展管理》2007 年第 1 期。

[19] 赫希曼：《经济发展战略》，经济科学出版社 1991 年版。

[20] 何郁冰、张迎春：《网络嵌入性对产学研知识协同绩效的影响》，《科学学研究》2017 年第 9 期。

[21] 胡望斌、张玉利、牛芳：《我国新企业创业导向、动态能力与企业成长关系实证研究》，《中国软科学》2009 年第 4 期。

[22] 胡望斌、张玉利：《新企业创业导向转化为绩效的新企业能力：理论模型与中国实证研究》，《南开管理评论》2011 年第 1 期。

[23] 胡海峰：《孵化、转移、回馈、联盟：大学衍生企业的创新发展路径——以威视股份公司为例》，《中国软科学》2010 年第 7 期。

[24] 黄莉敏、陈志：《湖北省学科集群与产业集群协同创新研究内容的探讨》，《科技管理研究》2011 年第 1 期。

[25] 李华晶、邢晓东：《学术创业：国外研究现状与分析》，《中国科技论坛》2008 年第 12 期。

[26] 李雯、解佳龙：《创新集聚效应下的网络惯例建立与创业资源获取》，《科学学研究》2017 年第 12 期。

[27] 李雯、夏清华：《大学知识溢出驱动的双元创业能力构建研究——基于网络嵌入的视角》，《科学学研究》2016 年第 12 期。

[28] 李文博：《集群情景下大学衍生企业创业行为的关键影响因素——基于扎根理论的探索性研究》，《科学学研究》2013 年第 1 期。

[29] 李雯、夏清华：《学术型企业家对大学衍生企业绩效的影响机理研究——基于全国"211 工程"大学衍生企业的实证分析》，《科学学研究》2012 年第 2 期。

［30］ 李新春、宋宇、蒋年云：《高科技创业的地区差异》，《中国社会科学》2004 年第 3 期。

［31］ 李习保：《中国区域创新能力变迁的实证分析：基于创新系统的观点》，《管理世界》2007 年第 12 期。

［32］ 廖述梅：《高校研发对企业技术创新的溢出效应分析》，《科研管理》2011 年第 6 期。

［33］ 刘凤朝、冯婷婷、姜楠：《科技资源投入影响科技产出的机理分析——基于中美两国创新体系的建模与仿真》，《科学学与科学技术管理》2011 年第 1 期。

［34］ 刘林青、夏清华：《创业型大学的创业生态系统初探——以麻省理工学院为例》，《高等教育研究》2009 年第 3 期。

［35］ 刘永俊：《基于创新视角的网络组织成长机制理论与实证研究》，硕士学位论文，西南财经大学，2010 年。

［36］ 龙勇、梅德强、常青华：《风险投资对高新技术企业技术联盟策略影响——以吸收能力为中介的实证研究》，《科研管理》2011 年第 7 期。

［37］ 梁琦：《知识溢出的空间局限性与集聚》，《科学学研究》2004 年第 1 期。

［38］ 卢继青、柯中义：《地区高新技术产业绩效差异的因素贡献比较模型——基于湖北与东部发达省份比较的实证分析》，《科技管理研究》2010 年第 3 期。

［39］ 钱锡红、杨永福、徐万里：《企业网络位置、吸收能力与创新绩效——一个交互效应模型》，《管理世界》2010 年第 5 期。

［40］ 任宗强、吴海萍、丁晓：《中小企业内外创新网络协同演化与能力提升》，《科研管理》2011 年第 9 期。

［41］ 石书德、高建：《知识流动、创业活动对经济增长的影响——一种解释中国区域经济差异的观点》，《科学学与科学技术管理》2009 年第 11 期。

［42］ 宋刚、张楠：《创新 2.0：知识社会环境下的创新民主化》，《中国软科学》2009 年第 10 期。

［43］ 宋志红、陈澍、范黎波：《知识特性、知识共享与企业创新能力关系的实证研究》，《科学学研究》2010 年第 4 期。

[44] 孙艳：《湖北省高新技术产业集群发展模式研究》，《区域经济》2014 年第 17 期。

[45] 田莉、薛红志：《新技术企业创业机会来源：基于技术属性与产业技术环境匹配的视角》，《科学学与科学技术管理》2009 年第 3 期。

[46] 陶秋燕、孟猛猛：《网络嵌入性、技术创新和中小企业成长研究》，《科研管理》2017 年第 4 期。

[47] 陶晓红、曹元坤、齐亚伟：《电子信息产业集聚对区域经济融合的空间计量分析》，《科技进步与对策》2012 年第 11 期。

[48] ［美］纳尔逊、温特：《经济变迁的演化理论》，胡世凯译，商务印书馆 1997 年版。

[49] 万坤扬、陆文聪：《高校研发知识溢出与大中型工业企业创新绩效》，《中国科技论坛》2010 年第 9 期。

[50] 王缉慈：《知识创新和区域创新环境》，《经济地理》1999 年 1 月。

[51] 王海龙、武春友：《不连续创新与创业绩效实证文献的元研究》，《科学学研究》2008 年第 2 期。

[52] 王济川、郭志刚：《Logistic 回归模型——方法与应用》，高等教育出版社 2001 年版。

[53] 王兰云、张金成：《环境视角与战略适应》，《南开管理评论》2003 年第 2 期。

[54] 王立平：《我国高校 R&D 知识溢出的实证研究：以高技术产业为例》，《中国软科学》2005 年第 12 期。

[55] 王敏晰：《我国高新技术产业对经济增长的贡献及启示》，《技术经济与管理研究》2010 年第 4 期。

[56] 王永伟、马洁：《基于组织惯例、行业惯例视角的企业技术创新选择研究》，《南开管理评论》2011 年第 3 期。

[57] 文东华、潘飞、陈世敏：《环境不确定性、二元管理控制系统与企业业绩实证研究——基于权变理论的视角》，《管理世界》2009 年第 10 期。

[58] 吴冰、王重鸣、唐宁玉：《高科技产业创业网络、绩效与环境研究：国家级软件园的分析》，《南开管理评论》2009 年第 3 期。

[59] 吴明隆：《结构方程模型——AMOS 的操作与应用》，重庆大学出版社 2009 年版。

[60] 吴晓冰：《集群企业创新网络特征、知识获取及创新绩效关系研究》，博士学位论文，浙江大学，2009 年。

[61] 吴玉鸣：《大学知识创新与区域创新环境的空间变系数计量分析》，《科研管理》2010 年第 5 期。

[62] ［美］熊彼特：《经济发展理论》，孔伟艳等译，北京出版社 2008 年版。

[63] 席酉民：《企业外部环境分析》，高等教育出版社 2001 年版。

[64] 夏清华：《创业管理》，武汉大学出版社 2007 年版。

[65] 夏清华：《创利与创值——企业成长绩效的评价与控制》，《数量经济技术经济研究》2003 年第 4 期。

[66] 夏清华：《从资源到能力——竞争优势战略的一个理论综述》，《管理世界》2002 年第 4 期。

[67] 辛德强、党兴华、薛超凯：《双重嵌入下网络惯例刚性对探索性创新的影响》，《科技进步与对策》2018 年第 1 期。

[68] 许庆瑞：《研究、发展与技术创新管理》，高等教育出版社 2000 年版。

[69] 杨德林、汪青云、孟祥清：《中国研究型大学衍生企业活动影响因素分析》，《科学学研究》2007 年第 3 期。

[70] 杨淑娥、韩志丽：《复杂性科学观下的高科技企业成长机制与成长指数设计》，《经济管理》2006 年第 6 期。

[71] 杨俊、张玉利：《基于企业家资源禀赋的创业行为过程分析》，《外国经济与管理》2004 年第 2 期。

[72] 杨隽萍、蔡莉：《基于智力资本的科技型大学衍生公司价值形成机理的实证研究》，《技术经济》2008 年第 7 期。

[73] 杨隽萍：《科技型大学衍生公司价值形成机理研究》，博士学位论文，吉林大学，2007 年。

[74] 伊恩·沃辛顿、克里斯·布里顿：《企业环境》，徐磊、洪晓丽译，经济管理出版社 2005 年版。

[75] 伊迪丝·彭罗斯：《企业成长理论》，赵晓译，上海人民出版社 2007 年版。

[76] 伊查克·爱迪思：《企业生命周期》，赵睿译，中国社会科学出版社 1997 年版。

[77] 易高峰、程骄杰、赵文华：《我国大学衍生企业发展的影响因素分析》，《清华大学教育研究》2010 年第 3 期。

[78] 易朝辉、夏清华：《创业导向与大学衍生企业绩效关系研究——基于学术型创业者资源支持的视角》，《科学学研究》2011 年第 5 期。

[79] 喻科：《产学研合作创新网络特性及动态创新能力培养研究》，《科研管理》2011 年第 2 期。

[80] 赵锡斌：《企业环境分析与调适——理论与方法》，中国社会科学出版社 2007 年版。

[81] 张宝建、孙国强、裴梦丹等：《网络能力、网络结构与创业绩效——基于中国孵化产业的实证研究》，《南开管理评论》2015 年第 2 期。

[82] 张方华：《网络嵌入影响企业创新绩效的概念模型与实证分析》，《中国工业经济》2010 年第 4 期。

[83] 张映红：《动态环境对公司创业战略与绩效关系的调节效应研究》，《中国工业经济》2008 年第 1 期。

[84] 张玉利、李乾文：《公司创业导向、双元能力与组织绩效》，《管理科学学报》2009 年第 1 期。

[85] 张玉利、赵都敏：《新企业生成过程中的创业行为特殊性与内在规律性探讨》，《外国经济与管理》2008 年第 1 期。

[86] 张玉明、刘德胜：《中小型科技企业成长机制评价——指数构建与实证研究》，《软科学》2009 年第 11 期。

[87] 张云逸、曾刚：《基于三螺旋模型的高校衍生企业形成机制研究——以上海高校衍生企业为例》，《科技管理研究》2009 年第 8 期。

[88] 张炜：《中小高技术企业创业知识资本与成长绩效关系研究》，博士学位论文，浙江大学，2005 年。

[89] 郑永平、党小梅、於林峰：《国家科技创新体系下研究型大学的技术转移模式探讨》，《研究与发展管理》2008 年第 4 期。

[90] 朱秀梅、费宇鹏：《关系特征、资源获取与初创企业绩效关系实

证研究》，《南开管理评论》2010 年第 3 期。

[91] 朱秀梅：《资源获取、创业导向与新创企业绩效关系研究》，《科学学研究》2009 年第 3 期。

[92] 朱志红、薛大维、任秀梅：《学科集群与产业集群协同创新的现状及提升策略》，《中国管理信息化》2013 年第 4 期。

[93] 国家统计局、国家发展和改革委员会、科学技术部：《中国高技术产业统计年鉴（2013）》，2013 年 12 月。

[94] 国家统计局、科学技术部：《中国科技统计年鉴（2015）》，2015 年 12 月。

[95] 国家统计局、科学技术部：《中国科技统计年鉴（2014）》，2014 年 12 月。

[96] 国家统计局、科学技术部：《中国科技统计年鉴（2010）》，2010 年 11 月。

[97] 经济合作与发展组织（OECD）：《2014 年中国经济调查报告》，2010 年 2 月。

[98] 科学技术部发展计划司：《2014 年全国及各地区科技进步统计监测结果》，2015 年 3 月 11 日。

[99] 科学技术部发展计划司：《2012 年我国科技人力资源发展状况分析》，2013 年 12 月 30 日。

[100] 中华人民共和国知识产权局：《2014 年中国知识产权保护状况》，2015 年 4 月 30 日。

[101] Acs Z. J., Armington C., *Entrepreneurship, geography, and American economic growth*, New York: Cambridge University Press, 2006.

[102] Acs Z. J., Audretsch D. B., Lehmann E. E., "The knowledge spillover theory of entrepreneurship", *Small Business Economics*, Vol. 41, No. 4, 2013, pp. 757 – 774.

[103] Aaboen L., Laage – Hellman J., Lind F., Öberg C., Shih T., "Exploring the roles of university spin – offs in business networks", *Industrial Marketing Management*, No. 59, 2016, pp. 157 – 166.

[104] Adams P., Fontana R., Malerba F., "User – Industry Spinouts: Downstream Industry Knowledge as a Source of New Firm Entry and Survival", *Organization Science*, Vol. 27, No. 1, 2016, pp. 18 –

35.

[105] Audretsch D. B., Hulsbeck M., Lehmann E. E., "Regional competitiveness, university spillovers, and entrepreneurial activity", *Small Business Economics*, Vol. 39, No. 3, 2012, pp. 587 – 601.

[106] Agrawal A., Henderson R., "Putting patents in context: exploring knowledge transfer from MIT", *Management Science*, Vol. 48, No. 1, 2002, pp. 44 – 60.

[107] Anderson T. R., Daim T. U., Lavoie F. F., "Measuring the efficiency of university technology transfer", *Technovation*, Vol. 27, No. 5, 2007, pp. 306 – 318.

[108] Anselin L., Varga A., Acs Z., "Geographic spillovers and university research: a spatial econometric perspective", *Growth and Change*, Vol. 31, No. 4, 2000, pp. 501 – 515.

[109] Arrow K., *The Limits of Organization*, New York: Norton, 1974, p. 26.

[110] Audretsch D. B., Keilbacha M., "Resolving the knowledge paradox: Knowledge – spillover entrepreneurship and economic growth", *Research Policy*, Vol. 37, No. 10, 2008, pp. 1697 – 1705.

[111] Audretsch D. B., "The entrepreneurial society", *Journal of Technology Transfer*, Vol. 34, No. 3, 2009, pp. 245 – 254.

[112] Audretsch D. B., Keilbacha M., "The Theory of Knowledge Spillover Entrepreneurship", *Journal of Management Studies*, Vol. 44, No. 7, 2007, pp. 1242 – 1254.

[113] Audretsch D. B., Feldman M. P., "R&D spillovers and the geography of innovation and production", *American Economic Review*, Vol. 86, No. 3, 1996, pp. 253 – 273.

[114] Beckman C. M., Burton M. D., "Founding the future: Path dependence in the evolution of top management teams from founding to IPO", *Organization Science*, Vol. 19, No. 1, 2008, pp. 3 – 24.

[115] Benneworth P., Charles D., "University spin – off policies and economic development in less successful regions: learning from two decades of policy practice", *European Planning Studies*, Vol. 13, No.

4, 2005, pp. 537 - 557.

[116] Bradley S. W., McMullen J. S., Artz K., Simiyu E. M, "Capital Is Not Enough: Innovation in Developing Economies", *Journal of Management Studies*, Vol. 49, No. 4, 2012, pp. 684 - 717.

[117] Baycan T., Stough R. R., "Bridging knowledge to commercialization: the good, the bad, and the challenging", *Annals of Regional Science*, Vol. 50, No. 2, 2013, pp. 367 - 405.

[118] Bernasconi A., "University entrepreneurship in a developing country: The case of the P. Universidad Católica de Chile, 1985 - 2000", *Higher Education*, Vol. 50, No. 2, 2005, pp. 247 - 274.

[119] Bramwell A., Wolfe D. A., "Universities and regional economic development: The entrepreneurial University of Waterloo", *Research Policy*, Vol. 37, No. 8, 2008, pp. 1175 - 1187.

[120] Chen Y. S., Shih C. Y., Chang C. H., "Explore the new relationship between patents and market value: a panel smooth transition regression (PSTR) approach", *Scientometrics*, Vol. 98, No. 2, 2014, pp. 1145 - 1159.

[121] Clausen T. H., Rasmussen E., "Parallel business models and the innovativeness of research - based spin - off ventures", *Journal of Technology Transfer*, Vol. 38, No. 6, 2013, pp. 836 - 849.

[122] Cassiman B., Veugelers R., "In Search of Complementarity in Innovation Strategy: Internal R&D and External Knowledge Acquisition", *Management Science*, Vol. 52, No. 1, 2006, pp. 68 - 82.

[123] Chandler G. N., McKelvie A., Davidsson P., "Asset specificity and behavioral uncertainty as moderators of the sales growth - employment growth relationship in emerging ventures", *Journal of Business Venturing*, Vol. 24, No. 4, 2009, pp. 373 - 387.

[124] Chen K., "Universities/Research Institutes and Regional Innovation Systems: The Cases of Beijing and Shenzhen", *World Development*, Vol. 35, No. 6, 2007, pp. 1056 - 1074.

[125] Chrisman J. J., Hynes T., Fraser S., "Faculty entrepreneurship and economic development: the case of the university of Calgary", *Journal*

  of Business Venturing, Vol. 10, No. 4, 1995, pp. 267 – 281.

[126] Chiaroni D., Chiesa V., Frattini F., "Unravelling the process from Closed to Open Innovation: evidence from mature, asset – intensive industries", R&D Management, Vol. 40, No. 3, 2010, pp. 222 – 247.

[127] Clarysse B., Wright M., Velde E. V., "Entrepreneurial Origin, Technological Knowledge, and the Growth of Spin – Off Companies", Journal of Management Studies, Vol. 48, No. 6, 2011, pp. 1420 – 1441.

[128] Conceicao O., Faria A. P., Fontes M., "Regional variation of academic spinoffs formation", Journal of Technology Transfer, No. 42, 2017, pp. 654 – 675.

[129] Daily C. A., McDougall P. P., Covin J. G., Dalton D. R., "Governance and strategic leadership in entrepreneurial firms", Journal of Management, Vol. 28, No. 3, 2002, pp. 387 – 412.

[130] Davidsson P., Kirchhoff B., Hatemi – J. A., Gustavsson H., "Empirical Analysis of Business Growth Factors Using Swedish Data", Journal of Small Business Management, Vol. 40, No. 4, 2002, pp. 332 – 349.

[131] D' Este P., Mahdi S., Neely A., Rentocchini F. "Inventors and entrepreneurs in academia: What types of skills and experience matter?", Technovation, Vol. 32, No. 5, 2012, pp. 293 – 303.

[132] Decter M., Bennett D., Leseure M., "University to business technology transfer – UK and USA comparison", Technovation, Vol. 27, No. 3, 2007, pp. 145 – 155.

[133] Debackere K., Veugelers R., "The role of academic technology transfer organizations in improving industry – science links", Research Policy, Vol. 34, No. 3, 2005, pp. 321 – 342.

[134] Delmar F., Shane S., "Does business planning facilitate the development of new ventures?", Strategic Management Journal, Vol. 24, No. 12, 2003, pp. 1165 – 1185.

[135] Delmar F., Davidsson P., Gartner W. B., "Arriving at the high –

growth firm", *Journal of Business Venturing*, Vol. 18, No. 2, 2003, pp. 189 – 216.

[136] Ding W., Choi E., "Divergent paths to commercial science: A comparison of scientists' founding and advising activities", *Research Policy*, Vol. 40, No. 1, 2011, pp. 69 – 80.

[137] Eckhardt J. T., Shane S., "Opportunities and entrepreneurship", *Journal of Management*, Vol. 29, No. 3, 2003, pp. 333 – 349.

[138] Edgington D. W., "The Japanese Innovation System: University – Industry Linkages, Small Firms and Regional Technology Clusters", *Prometheus*, Vol. 26, No, 1, 2008, pp. 123 – 145.

[139] Eun J., Lee K., Wu G., "Explaining the 'University – run enterprises' in China: A theoretical framework for university – industry relationship in developing countries and its application to China", *Research Policy*, Vol. 35, No. 9, 2006, pp. 1329 – 1346.

[140] Eisingericha A. B., Bell S. J., Tracey P., "How can clusters sustain performance? The role of network strength, network openness, and environmental uncertainty", *Research Policy*, Vol. 39, No. 2, 2010, pp. 239 – 253.

[141] Hershberg E., "Opening the Ivory Tower to Business: University – Industry Linkages and the Development of Knowledge – Intensive Clusters in Asian Cities", *World Development*, Vol. 35, No. 6, 2007, pp. 931 – 940.

[142] Fischer M. M., Varga A., "Spatial knowledge spillovers and university research: evidence from Austria", *The Annals of Regional Science*, Vol. 37, No. 2, 2003, pp. 303 – 322.

[143] Franklin S. J., Wright M., Lockett A., "Academic and Surrogate Entrepreneurs in University Spin – out Companies", *Journal of Technology Transfer*, Vol. 26, No. 1 – 2, 2001, pp. 127 – 141.

[144] Fujita M., Krugman P., Venables A., *The Spatial Economy: Cities, Regions and International Economies*, Cambridge: MIT Press, 1999.

[145] Fuller D. B. "China's national system of innovation and uneven technological trajectory The case of China's integrated circuit design in-

dustry", *Chinese Management Studies*, Vol. 3, No. 1, 2009, pp. 58 – 74.

[146] Funke M., Niebuhr A., "Regional geographic research and development spillovers and economic growth: evidence from west Germany", *Regional Studies*, Vol. 39, No. 1, 2005, pp. 143 – 153.

[147] Gartner W. B. "'Who is an entrepreneur?' is the wrong question", *American Journal of Small Business*, Vol. 12, No. 4, 1988, pp. 11 – 32.

[148] Gambardella A., McGahan A. M., "Business – Model Innovation: General Purpose Technologies and their Implications for Industry Structure", *Long Range Planning*, Vol, 43, No. 2, 2010, pp. 262 – 271.

[149] Gebreeyesus M., Mohnen P., "Innovation Performance and Embeddedness in Networks: Evidence from the Ethiopian Footwear Cluster", *World Development*, Vol, 12, No. 41, 2013, pp. 302 – 316.

[150] Geroski P. A., "Understanding the implications of empirical work on corporate growth rates", *Managerial and Decision Economics*, Vol. 26, No. 1, 2005, pp. 129 – 138.

[151] Gilbert B. A., McDougall P. P., Audretsch D. B., "New Venture Growth: A Review and Extension", *Journal of Management*, Vol. 32, No. 6, 2006, pp. 926 – 950.

[152] Giuliani E., Arza V., "What drives the formation of 'valuable' university – industry linkages? Insights from the wine industry", *Research Policy*, Vol. 38, No. 6, 2009, pp. 906 – 921.

[153] Goldfarb B., Henrekson M., "Bottom – up versus top – down policies towards the commercialization of university intellectual property", *Research Policy*, Vol. 32, No. 4, 2003, pp. 639 – 658.

[154] Gray D. O., "Cross – sector research collaboration in the USA: a national innovation system perspective", *Science Pubic Policy*, Vol. 38, No. 2, 2011, pp. 123 – 133.

[155] Gulbrandsen M., Smeby J. C., "Industry funding and university professors' research performance", *Research Policy*, Vol. 34, No. 6, 2005, pp. 932 – 950.

[156] Huo J. , "Technology Transfer and Intellectual Property Management in Edinburgy University of UK", *Journal Beijing University of Chemical Technology*, Vol. 4, No. 1, 2005, pp. 23 – 30.

[157] Jaina S. , Georgeb G. , Maltarich M. , "Academics or entrepreneurs? Investigating role identity modi? cation of university scientists involved in commercialization activity", *Research Policy*, Vol. 38, No. 6, 2009, pp. 922 – 935.

[158] Jong S. , "How Organizational Structures in Science Shape Spin – off Firms: The Biochemistry Departments of Berleley, Stanford, and UCSF and the Birth of the Biotech Industry", *Industrial and Corporate Change*, Vol. 15, No. 2, 2006, pp. 251 – 283.

[159] Kim D. H. , "The Link Between Individual and Organizational Learning", *Sloan Management Review*, Fall, 1993.

[160] Kim J. , Wilemon D. , "Sources and assessment of complexity in NPD projects", *R&D Management*, Vol. 33, No. 1, 2003, pp. 16 – 30.

[161] Knight K. J. , "Performance Measures for Increasing Intellectual Capital", *Strategy & Leadership*, Vol. 27, No. 2, 1999, pp. 10 – 15.

[162] Kodama T. , "The role of intermediation and absorptive capacity in facilitating university – industry linkages – An empirical study of TAMA in Japan", *Research Policy*, Vol. 37, No. 8, 2008, pp. 1224 – 1240.

[163] Kogut B. , Zander U. , "Knowledge of the firm and evolutionary theory of themultinational corporation", *Journal of International Business Studies*, Vol. 26, No. 4, 2003, pp. 625 – 644.

[164] Kogut B. , Zander U. , "Knowledge of the firm, combinative capabilities, and the replication of technology", *Organization Science*, Vol. 3, No. 3, 1992, pp. 383 – 397.

[165] Koka B. R. , Madhavan R. , Prescott J. E. , "The Evolution of Interfirm Networks: Environmental Effects on Patterns of Network Change", *Academy of Management Review*, Vol. 31, No. 3, 2006, pp. 721 – 737.

[166] Kroll H. , Liefner I. , "Spin – off enterprises as a means of technology

commercialization in a transforming economy—Evidence from three u-
niversities in China", *Technovation*, Vol. 28, No. 5, 2008, pp.
298 – 313.

[167] Larsen M. T., "The implications of academic enterprise for public sci-
ence: An overview of the empirical evidence", *Research Policy*, Vol.
40, No. 1, 2011, pp. 6 – 19.

[168] Lee J., Win H. N., "Technology transfer between university research
centers and industry in Singapore", *Technovation*, Vol. 24, No. 5,
2004, pp. 433 – 442.

[169] Lin L., Fang S. C., Fang S. R., Tsai F. S., "Network embedded-
ness and technology transfer performance in R&D consortia in Taiwan
Julia", *Technovation*, Vol. 29, No. 11, 2009, pp. 763 – 774.

[170] Looya B. V., Landoni P., Callaert J., Pottelsberghe B., Sapsalis
E., Debackere K., "Entrepreneurial effectiveness of European uni-
versities: An empirical assessment of antecedents and trade – offs",
Research Policy, Vol. 40, No. 4, 2011, pp. 553 – 564.

[171] Lockett A., Wright M., "Resources, capabilities, risk capital and
the creation of university spin – out companies", *Research Policy*,
Vol. 34, No. 7, 2005, pp. 1043 – 1057.

[172] Luk C., Yau O., Sin L., Tse A., Chow R., Lee J., "The effects
of social capital and organizational innovativeness in different institu-
tional contexts", *Journal of International Business Studies*, Vol. 39,
No. 4, 2008, pp. 589 – 612.

[173] MacDougall G., "The benefits and costs of private investment from a-
board: a theory approach", *Economic Record*, Vol. 36, No. 73,
1975, pp. 13 – 35.

[174] Mariano N., Pilar Q., "Absorptive capacity, technological opportuni-
ty, knowledge spillovers, and innovative effort", *Technovation*, Vol.
25, No. 10, 2005, pp. 1141 – 1157.

[175] Mariani, G., Carlesi, A., Scarfò, A. A., "Academic spinoffs as a
value driver for intellectual capital: the case of the University of Pisa",
Journal of Intellectual Capital, Vol. 19, No. 1, 2018, pp. 202 – 226.

[176] Markman G. , Gianiodis P. , Phan P. , *An Agency Theoretic Study of the Relationship between knowledge agents and university technology transfer offices*, Troy, NY: Rensselaer Polytechnic Working Paper, 2006.

[177] Moreno A. M. , Casillas J. C. , "Entrepreneurial Orientation and Growth of SMEs: A Causal Model", *Entrepreneurship Theory and Practice*, Vol. 21, No. 3, 2008, pp. 507 – 528.

[178] Mosey S. , Wright M. , "From Human Capital to Social Capital: A Longitudinal Study of Technology – Based Academic Entrepreneurs", *Entrepreneurship Theory and Practice*, Vol. 31, No. 6, 2007, pp. 909 – 935.

[179] Muscio A. , "University – industry linkages: What are the determinants of distance in collaborations?", *Papers in Regional Science*, Vol. 92, No. 4, 2013, pp. 715 – 740.

[180] Nakagawa M. , Watanabe C. , Brown C. G. , "Changes in the technology spillover structure due to economic paradigm shifts: A driver of the economic revival in Japan's material industry beyond the year 2000", *Technovation*, Vol. 29, No. 1, 2009, pp. 5 – 22.

[181] Nicola L. , "Academic entrepreneurship", *Managerial and Decision Economics*, Vol. 30, No. 7, 2009, pp. 443 – 464.

[182] Nonaka I. , "A dynamic theory of organizational knowledge creation", *Organization Science*, Vol. 5, No. 1, 1994, pp. 40 – 54.

[183] Ortin – Angel P. , Vendrell – Herrero F. , "University spin – offs vs. other NTBFs: Total factor productivity differences at outset and evolution", *Technovation*, Vol. 34, No. 2, 2014, pp. 101 – 112.

[184] O' Shea R. P. , Allen T. J. , Chevalier A. , Roche F. , "Entrepreneurial orientation, technology transfer and spinoff performance of U. S. ", *Research Policy*, Vol. 34, No. 7, 2005, pp. 994 – 1009.

[185] O' Shea R. P. , Chugh H. , Allen T. , "Determinants and consequences of university spinoff activity: a conceptual framework", *The Journal of Technology Transfer*, Vol. 33, No. 6, 2008, pp. 653 – 666.

[186] Panda H. , Ramanathan K. , "Technological Capability Assessment of a Firm in the Electricity Sector", *Technovation*, Vol. 16, No. 10, 1996, pp. 561 – 588.

[187] Patzelt H. , Shepherd D. A. , "Strategic entrepreneurship at universities: Academic entrepreneurs' assessment of policy programs", *Entrepreneurship Theory and Practice*, Vol. 33, No. 1, 2009, pp. 319 – 340.

[188] Perkmann M. , King Z. , Pavelin S. , "Engaging excellence? Effects of faculty quality on university engagement with industry", *Research Policy*, Vol. 40, No. 4, 2011, pp. 539 – 552.

[189] Petruzzelli A. M. , "The impact of technological relatedness, prior ties, and geographical distance on university – industry collaborations: A joint – patent analysis", *Technovation*, Vol. 31, No. 7, 2011, pp. 309 – 319.

[190] Polanyi M. , *Personal Knowledge: Toward a post – critical philosophy*, New York: Harper Torchbooks, 1962.

[191] Radosevich R. , "A model for entrepreneurial spin – offs from public technology sources", *International Journal of Technology Management*, Vol. 10, No. 7, 2009, pp. 879 – 893.

[192] Rasmussen E. , Borch O. J. , "University capabilities in facilitating entrepreneurship: A longitudinal study of spin – off ventures at mid – range universities", *Research Policy*, Vol. 39, No. 5, 2010, pp. 602 – 612.

[193] Rasmussen E. , Mosey S. , Wright M. , "The Evolution of Entrepreneurial Competencies: A Longitudinal Study of University Spin – Off Venture Emergence", *Journal of Management Studies*, Vol. 48, No. 6, 2011, pp. 1314 – 1345.

[194] Rasmussen E. , Mosey S. , Wright M. , "The Transformation of Network Ties to Develop Entrepreneurial Competencies for University Spinoffs", *Entrepreneurship & Regional Development*, Vol. 27, No. 7 – 8, 2015, pp. 430 – 457.

[195] Rick W. , "Close enough but not too far: Assessing the effects of uni-

versity – industry research relationships and the rise of academic capitalism", *Research Policy*, Vol. 37, No. 10, 2008, pp. 1854 – 1864.

[196] Roberts E. B. , *Entrepreneurs in high technology: Lessons from MIT and beyond*, Oxford: Oxford University Press, 1991.

[197] Roper S. , Arvanitis S. , "From knowledge to added value: A comparative, panel – data analysis of the innovation value chain in Irish and Swiss manufacturing firms", *Research Policy*, Vol. 41, No. 6, 2012, pp. 1093 – 1106.

[198] Rogers E. M. , Yin Y. , Hoffmann J. , "Assessing the Effectiveness of Technology Transfer Offices at U. S. Research Universities" *The Journal of the Association of University Technology Managers*, Vol. 12, No. 9, 2000, pp. 47 – 80.

[199] Rothaermel F. T. , Agung S. D. , Jiang L. , "University entrepreneurship: a taxonomy of the literature", *Industrial and Corporate Change*, Vol. 16, No. 4, 2007, pp. 691 – 791.

[200] Roy S. , Sivakumar K. , "Managing Intellectual Property in Global Outsourcing for Innovation Generation", *Journal of Product Innovation Management*, Vol. 28, No. 1, 2011, pp. 48 – 62.

[201] Salvador E. , "Are science parks and incubators good 'brand names' for spin – offs? The case study of Turin", *Journal of Technology Transfer*, Vol. 36, No. 2, 2011, pp. 203 – 232.

[202] Santoro M. D. , Bierly P. E. , "Facilitators of knowledge transfer in university – industry collaborations: A knowledge – based perspective", *IEEE Transactions on Engineering Management*, Vol. 53, No. 4, 2006, pp. 495 – 507.

[203] Scholten V. , Omta O. , Kemp R. , Elfring T. , "Bridging ties and the role of research and start – up experience on the early growth of Dutch academic spin – offs", *Technovation*, No. 45, 2015, pp. 40 – 51.

[204] Shane S. , *Academic entrepreneurship: university spinoffs and wealth creation*, Edward Elgar, 2004.

[205] Shane S. , "Encouraging university entrepreneurship? The effect of the Bayh – Dole act on university patenting in the United States", *Journal of Business Venturing*, Vol. 19, No. 1, 2004, pp. 127 – 151.

[206] Soetanto D. , Geenhuizen M. , "Getting the right balance: University networks' influence on spin – offs' attraction of funding for innovation", *Technovation*, Vol. 36, No. 36 – 37, 2015, pp. 26 – 38.

[207] Shane S. , Stuart T. , "Organizational endowments and the performance of university start – ups", *Management Science*, Vol. 48, No. 1, 2002, pp. 154 – 170.

[208] Shane S. , Venkataraman S. , "The promise of entrepreneurship as a field of research", *Academy of Management Review*, Vol. 25, No. 1, 2003, pp. 217 – 226.

[209] Shane S. , Venkataraman S. , "Guest editors' introduction to the special issue on technology entrepreneurship", *Research Policy*, Vol. 32, No. 2, 2003, pp. 181 – 184.

[210] Scholten V. , Omta O. , Kemp R. , Elfring T. , "Bridging ties and the role of research and start – up experience on the early growth of Dutch academic spin – offs", *Technovation*, Vol. 45 – 46, No. 11 – 12, 2015, pp. 40 – 51.

[211] Semrau T. , Werner A. , "How Exactly Do Network Relationships Pay Off? The Effects of Network Size and Relationship Quality on Access to Start – Up Resources", *Entrepreneurship Theory and Practice*, Vol. 38, No. 3, 2014, pp. 501 – 525.

[212] Shepherd D. , Wiklund J. , "Are we comparing apples with apples or apples with oranges? Appropriateness of knowledge accumulation across growth studies", *Entrepreneurship Theory and Practice*, Vol. 33, No. 1, 2009, pp. 105 – 123.

[213] Sjoholm F. , "Productivity growth in Indonesia: the role of regional characteristics and foreign investment", *Economic Development and Cultural Change*, Vol. 47, No. 3, 1999, pp. 559 – 584.

[214] Song M. , Podoynitsyna K. , Van D. B. H. , "Success factors in new ventures: a Meta – analysis", *The Journal of Product Innovation*

Management, Vol. 25, No. 1, 2008, pp. 7 – 27.

[215] Soo C. W. , Devinney T. M. , Midgley D. F. , "External knowledge acquisition, creativity and learning in organizational problem solving", *International Journal of Technology Management*, Vol. 38, No. 1 – 2, 2007, pp. 137 – 159.

[216] Steffensen M. , Rogers E. M. , Speakman K. , "Spin – offs from research centers at a research university", *Journal of Business Venturing*, Vol. 15, No. 1, 2000, pp. 93 – 111.

[217] Sternberg R. , "Success factors of university – spin – offs: Regional government support programs versus regional environment", Technovation, Vol. 34, No. 3, 2014, pp. 137 – 148.

[218] Stephan H. , Viktor S. , "Parent universities and the location of academic startups", *Small Business Economics*, Vol. 42, No. 1, 2014, pp. 1 – 15.

[219] Steiber A. , Alange S. , "The formation and growth of Google: A firm – level triple helix perspective", *Social Science Information Sur Les Sciences Sociales*, Vol. 52, No. 4, 2013, pp. 575 – 604.

[220] Stiglitz J. , "A new view of technological change", *Economic Journal*, Vol. 79, No. 315, 1969, pp. 116 – 131.

[221] Tang J. , Tang Z. , Marino L. D. , Zhang Y. , Li Q. , "Exploring an Inverted U – Shape Relationship between Entrepreneurial Orientation and Performance in Chinese Ventures", *Entrepreneurship Theory and Practice*, Vol. 32, No. 1, 2008, pp. 219 – 239.

[222] Thursby J. G. , Fuller A. W. , Thursby M. , "US faculty patenting: Inside and outside the university", *Research Policy*, Vol. 38, No. 1, 2009, pp. 14 – 25.

[223] Toole A. A. , Czarnitzki D. , "Commercializing Science: Is There a University 'Brain Drain' from Academic Entrepreneurship?", *Management Science*, Vol. 56, No. 9, 2010, pp. 1599 – 1614.

[224] Venkatraman N. , Henderson J. C. , *Four vectors of business model innovation: Value capture in a network era* [A] . in Daniel Pantaleo, and Nirmal Pal (Eds.) . *From strategy to execution: Turning accel-*

erated global change into opportunity, Berlin: Springer, 2008: 259 –
280.

[225] Vohora A. , Wright M. , Lockett A. , "Critical junctures in the devel-
opment of university high – tech spinout companies", *Research Policy*,
Vol. 33, No. 1, 2004, pp. 147 – 175.

[226] Weinzimmer L. G. , Nystrom P. C. , Freeman S. J. , "Measuring or-
ganizational growth: Issues, consequences and guidelines", *Journal
of Management*, Vol. 24, No. 2, 1998, pp. 235 – 262.

[227] Wei H. , "Decline of the center: the decentralizing process of knowl-
edge transfer of Chinese university from 1985 – 2004", *Research Poli-
cy*, Vol. 37, No. 4, 2008, pp. 580 – 595.

[228] Wennberg K. , Wiklund J. , Wright M. , "The effectiveness of univer-
sity knowledge spillovers: Performance differences between university
spinoffs and corporate spinoffs", *Research Policy*, Vol. 40, No. 8,
2011, pp. 1128 – 1143.

[229] Wouter S. , Souren A. , Tom E. , "Social capital of entrepreneurs and
small firm performance: A meta – analysis of contextual and methodo-
logical moderators", *Journal of Business Venturing*, Vol. 29, No. 1,
2014, pp. 152 – 173.

[230] Weslynne S. , "The Structure, Function, and Evolution of a Regional
Industrial Ecosystem", *Journal of Industrial Ecology*, Vol. 13, No.
2, 2009, pp. 228 – 246.

[231] Wiklund J. , Patzelt H. , Shepherd D. A. , "Building an integrative
model of small business growth", *Small Bussiness Economics*, Vol.
32, No. 4, 2009, pp. 351 – 374.

[232] Wignaraja G. , "Firm Size, Technological Capabilities and Market – o-
riented Policies in Mauritius", *Oxford Development Studies*, Vol. 30,
No. 1, 2002, pp. 87 – 104.

[233] Wood M. S. , "Does One Size Fit All? The Multiple Organizational
Forms Leading to Successful Academic Entrepreneurship", *Entrepre-
neurship Theory and Practice*, Vol. 33, No. 4, 2009, pp. 929 –
947.

［234］Wright M. , Clarysse B. , Lockett A. , Knockaert M. , "Mid – range universities' linkages with industry: knowledge types and the role of intermediaries", *Research Policy*, Vol. 37, No. 8, 2008, pp. 1205 – 1223.

［235］Yli – Renko H. , Autio E. , Tontti V. , "Social capital, knowledge, and the international growth of technology – based new firms", *International Business Review*, Vol. 11, No. 3, 2002, pp. 279 – 304.

［236］Zucker L. G. , Darby M. R. , Armstrong, J. S. , "Commercializing knowledge: university science, knowledge capture, and firm performance in biotechnology", *Management Science*, Vol. 48, No. 1, 2002, pp. 138 – 153.

［237］OECD. Reviews of Innovation Policy CHINA ［R］, 2008.

［238］OECD. Economic Surveys: CHINA ［R］, 2013.

［239］OECD. Measuring China's Innovation System National Specificities and Inteernational Comparisons ［R］, 2009.

［240］中华人民共和国科学技术部网站（http: //www. most. gov. cn/）。

［241］中华人民共和国知识产权局网站（http: //www. sipo. gov. cn/）。

［242］中华人民共和国工业和信息化部网站（http: //www. miit. gov. cn）。

［243］中华人民共和国国家统计局网站（http: //www. stats. gov. cn/）。

［244］样本企业网站。

附录　调研问卷

尊敬的企业家，您好！

非常感谢贵企业支持和参与本团队的问卷调研。本问卷的目的在于了解"学科集群知识驱动创建的高新技术企业成长机制"。您的支持对我们的研究和实际工作至关重要，问卷回收的数量、质量将直接影响研究结果的准确性。因此，请您在填写中注意以下事项：

1. 问卷中所有选项无对错之分，请您根据企业的实际情况填写即可。

2. 请逐项、完整填完所有题项，如有遗漏可能导致问卷作废。

3. 作为调研的参与者，您有权得到我们的研究结果。如果您对研究结果感兴趣，可以与我们联系，或在问卷最后留下您的联系方式以便我们给您发送研究结果。

感谢您对中国高新技术产业研究的支持，并祝贵公司事业发达、蒸蒸日上！

*针对以下不同问题，请在对应的选项上标黑或者填入数字、文字。

1. 截至 2014 年，企业的创办年限为：　　　　　　　　　　【单选】

3 年及以下	01	4—5 年	02
6—8 年	03	9 年及以上	04

2. 企业的员工人数为：　　　　　　　　　　　　　　　　【单选】

50 人及以下	01	51—100 人	02
101—200 人	03	201—300 人	04
301—400 人	05	401—500 人	06
501 人及以上	07	不清楚	99

3. 企业的主营产品或服务有：

①＿＿＿＿＿＿＿；②＿＿＿＿＿＿＿；③＿＿＿＿＿＿＿。

4. 企业创立时，核心技术是否来源于学科集群？　　　　【单选】

是 ………………………… 01 ｜ 否 ……………………………… 02

5. 您认为以下每项描述是否与企业创立时的核心技术相符（请逐项选择标黑，下同）：

	非常同意	比较同意	一般同意	不太同意	完全不同意
该项知识（技术）处于行业领先水平	5	4	3	2	1
该项知识（技术）的关键诀窍能够被清晰地表述出来	5	4	3	2	1
该项知识（技术）的理解与应用需要多种能力或技能	5	4	3	2	1

6. 企业的注册资本来源于：　　　　　　　　　　　　【多选】

大学资金 ………… 01 ｜ 风险投资 ……………………… 03

大学技术入股 ………… 05 ｜ 银行贷款 ……………………… 07

政府资助 ………… 02 ｜ 个人资金 ……………………… 04

个人技术入股 ………… 06 ｜ 其他（请注明）＿＿＿＿＿

7. 企业与大学的治理关系是：　　　　　　　　　　　【单选】

学校所有 ………… 01 ｜ 学校控股 ……………………… 02

学校参股 ………… 03 ｜ 没有关系 ……………………… 04

8. 您认为以下每项描述是否与大学的情况相符：

	非常同意	比较同意	一般同意	不太同意	完全不同意
大学具有很高的声誉	5	4	3	2	1
大学具有突出的科研实力	5	4	3	2	1
大学制定明确的奖励政策来促进科研成果转化	5	4	3	2	1
大学建立专门的实施部门促进科研成果转化	5	4	3	2	1
大学主动寻求产业力量促进科研成果转化	5	4	3	2	1

9. 您认为企业在成长过程中，从大学获得了哪些支持：

	非常同意	比较同意	一般同意	不太同意	完全不同意
大学为企业提供品牌支持	5	4	3	2	1
大学为企业提供战略引导	5	4	3	2	1
大学为企业提供关系资源	5	4	3	2	1
大学为企业提供资金	5	4	3	2	1
大学为企业提供场地与设备	5	4	3	2	1
大学支持技术向企业转移	5	4	3	2	1
大学支持大学雇员参与企业经营	5	4	3	2	1

10. 企业的中高层管理团队中有多少来自学科集群：（包括大学实验室人员，统称"学者"）　　　　　　　　　　　　【单选】

2 人及以下 …………… 01 | 3—5 人 ………………… 02
6—8 人 ……………… 03 | 9—11 人 ……………… 04
12 人及以上 ………… 05 | 0 人 …………………… 06

11. 学者在企业中扮演何种角色：　　　　　　　　　　　【单选】

董事长、总经理 ………… 01 | 运营管理人员 …………… 03
营销管理人员 …………… 05 | 董事 ……………………… 07
技术管理人员 …………… 02 | 财务管理人员 …………… 04
技术顾问 ………………… 06 | 其他（请注明）_____

12. 您认为以下每项描述是否与学者的情况相符：

	非常同意	比较同意	一般同意	不太同意	完全不同意
具有丰富的科研成果	5	4	3	2	1
具有较高的学术地位	5	4	3	2	1
具有良好的教育背景	5	4	3	2	1
有强烈的意愿将科研成果产业化	5	4	3	2	1
认为自己能够完成从学者到管理者的角色转换	5	4	3	2	1
有强烈的意愿挑战自己新的能力	5	4	3	2	1

13. 您认为该学者对于企业的成长有哪些作用：

	非常 同意	比较 同意	一般 同意	不太 同意	完全 不同意
有利于企业的技术创新	5	4	3	2	1
社会资本有利于企业关系网络建立	5	4	3	2	1
有利于企业治理结构的完善	5	4	3	2	1
把握企业未来的发展方向	5	4	3	2	1
有利于企业知名度的提升	5	4	3	2	1

14. 企业的经营特色是：　　　　　　　　　　　　　【单选】
研发主导 …………… 01　研发与制造 ……………… 02
研发、制造与营销并重 … 03　营销与市场导向 ………… 04

15. 与同行业企业相比，企业最大的竞争优势来源于：　【单选】
技术 ……………… 01　有特色的产品 ………… 03
品牌 ……………… 05　政策优惠 ……………… 07
创新人才 ………… 02　管理模式 ……………… 04
特殊资源 ………… 06　其他（请注明）_____

16. 企业实现创新的主要方式包括：　　　　　　　【多选】
模仿其他企业 ………… 01　从研究机构购买 ……… 06
自主研发 ……………… 05　与高校或科研机构合作开发 … 03
与其他企业合作开发 … 02　其他【请注明】_____

17. 企业与高校、科研机构的合作方式包括：　　　【多选】
技术转移（包括技术转让、技　共同研发新技术和新产品 …… 03
术许可） …………… 01　没有合作经历 ………… 07
共同组建实验室 ……… 05　合作完成科研项目 ……… 04
引入创新型人才 ……… 02　其他【请注明】_____
成为战略合作伙伴 …… 06

18. 您认为与高校、科研机构的合作对企业的成长有哪些作用：

	非常 同意	比较 同意	一般 同意	不太 同意	完全 不同意
有利于企业技术创新	5	4	3	2	1
有利于企业获得优秀人才	5	4	3	2	1
有利于把握企业未来的发展方向	5	4	3	2	1
有利于获得更多的关系资源	5	4	3	2	1
有利于获得政策支持	5	4	3	2	1
有利于企业知名度的提升	5	4	3	2	1

19. 企业与同行业中其他企业的合作方式包括：　　　　【多选】

联合采购 …………………… 01　产品合作开发和改进 ………… 03

定期信息交流 ……………… 05　没有合作经历 ………………… 07

共同进行产品推广 ……… 02　联合培训 ……………………… 04

企业间相互融资 ………… 06　其他（请注明）_____

20. 您认为企业在与同行业其他企业的合作过程中，获得了哪些支持：

	非常 同意	比较 同意	一般 同意	不太 同意	完全 不同意
技术创新	5	4	3	2	1
快速获取信息	5	4	3	2	1
拓宽销售渠道	5	4	3	2	1
降低经营风险	5	4	3	2	1
降低经营成本	5	4	3	2	1
完善企业管理制度	5	4	3	2	1
良好的品牌声誉	5	4	3	2	1

21. 您认为以下每项描述是否与企业所在区域的情况相符：

	非常 同意	比较 同意	一般 同意	不太 同意	完全 不同意
本地区是创新、有活力的区域	5	4	3	2	1
良好的基础设施和交通设施	5	4	3	2	1
多渠道的资金提供者	5	4	3	2	1
政府设有专项创新创业基金项目	5	4	3	2	1
当地生活质量较高	5	4	3	2	1

22. 您认为以下每项描述是否与企业的情况相符：

	非常 同意	比较 同意	一般 同意	不太 同意	完全 不同意
产品（或服务）的市场需求旺盛	5	4	3	2	1
能够获得丰富的人才资源	5	4	3	2	1
与研发合作伙伴联系密切	5	4	3	2	1
与生产、销售合作伙伴联系密切	5	4	3	2	1

23. 您认为以下每项描述与企业情况是否相符：

	非常 同意	比较 同意	一般 同意	不太 同意	完全 不同意
企业非常强调技术领先和创新	5	4	3	2	1
企业在最近三年里有许多新产品线上马	5	4	3	2	1
企业的新产品（服务）大多是大幅度创新	5	4	3	2	1
企业治理结构清晰、合理	5	4	3	2	1
企业的发展战略明确	5	4	3	2	1
企业凝聚力强	5	4	3	2	1
产品的销售、应用渠道通畅	5	4	3	2	1

24. 企业近三年的销售收入为：

2012 年_____万元；

2013 年_____万元；

2014 年_____万元。

25. 企业近三年的累计知识产权数为：

2012 年专利_____件，版权_____件，植物新品种_____件，商标_____件；

2013 年专利_____件，版权_____件，植物新品种_____件，商标_____件；

2014 年专利_____件，版权_____件，植物新品种_____件，商标_____件。

26. 企业 2012 年到 2014 年的年均销售利润率为：　　　　【单选】

5% 及以下 …………… 01	6%—10% ………………… 02
11%—15% …………… 03	16%—20% ……………… 04
21%—25% …………… 05	26% 及以上 ……………… 06

最后，为方便向您反馈我们的研究结果，请您提供以下个人信息：

姓名：_____单位：_____电话或 E－mail：_____

访问到此结束，感谢您对我们工作的支持！